課長・部長のための予算作成と目標達成の基本

Basics of budget planning and gool achievement for Section and Division Manager

フレアビジネス研究会

Flair Business Study Group

マイナビ

はじめに

呼び方は会社によって違うかもしれませんが、現代のビジネスは基本的に予算で管理されています。頂点には経営理念、経営計画があるとしても、日々の仕事については「いつまでにこれを達成する」という目標をもって取り組んでいるはずで、この目標の根拠は予算として、つまり数字として公約されています。社外には出さないにしても、社内では明確に「今期は○円」といった数字で示す目標に向かって仕事を進めているはずです。

ところが、この数字。なかなか一筋縄ではいきません。というのも、会計の知識があればいいのかと言えば、それだけでは足りません。過去の数字をいくら分析しても、未来は見えてきません。「このままいけば、こうなる」と推測することはできるでしょう。でも、その未来を変えるには、経営、営業、労務などさまざまな数字を必要とします。

「このままいけば、予算は未達だ」とわかったとして、そこからどうやって立て直せばいいのか。または今期は不本意だったとしても来期に必ずいい成果を出すためにはどうすればいいのか。

また、会計の知識も不可欠です。それも財務会計と管理会計の両面をある程度、理解しておく必要があるでしょう。そこに企業の経営状態を分析して考える材料となるさまざまな指標の捉え方も、よく使うものぐらいは理解しておきたいものです。

会計から見た予算だけではなく、経営から見た予算も合わせて幅広く見ることによって、部下から質問があったときに的確に答えられる課長・部長であってほしいですし、経営者からは同じ目線で事業の未来を語ることのできる課長・部長を求めているはずです。

本書はそうした課長・部長のために、予算の作成、目標達成の基本となる知識をコンパクトにまとめました。

CHAPTER 1 **予算の基礎知識**では、「予算とはなにか」といった素朴な疑問からはじまり、予算で事業を管理することの意味、その時の重要な考え方を解説しています。

CHAPTER 2 **管理会計と財務会計**では、最低限の会計知識を持っていただきたいのですが、事業で日々使う管理会計と、決算(納税)で使う公的な財務会計の違いを理解していただきます。

CHAPTER 3 **知っておきたい経営の数字**では、ビジネスの現状を知るための経営に欠かせない数字を取り上げながら、予算と日々のビジネスについて、さらに経営的視点について考えます。

CHAPTER 4 **経営戦略と経営計画**では、分析の結果、今後、企業はどうあるべきか、どちらに進むべきかを戦略として打ち出し、計画化していくための基礎知識を身につけます。経営マインドを持った課長・部長となるためには必要な考え方です。

CHAPTER 5　予算管理に係る重要な概念で、さらに踏み込んで、利益を生み出すための数字の考え方、捉え方について解説します。ここで登場する考え方は企業全体でも、部門のみでも使えるものです。

CHAPTER 6　予算遂行のマネジメントでは、予算達成に向けて走り出したときに、現場で起こりやすい問題と、経営者の視点に触れます。課長・部長は経営者にも、部下にも予算達成のための行動を促す必要があるのです。

CHAPTER 7　売上だけでない目標管理の新潮流では、全体のまとめとしてBSC（バランススコアカード）を紹介します。この方法を取り入れるかどうかは別として、予算を策定し遂行して企業を成長させるための考え方を整理していただければと思います。

どの項目も、深く探っていくと1冊の本になるテーマですので、本書ではザックリと基本的なことにポイントを絞っています。そのため、巻末には参考文献をつけましたので、さらに深く知りたいときの参考にしていただければと思います。

本書を活用して、厳しいビジネス環境の中でも、高い成果を上げていただき予算達成を積み重ねていくことを祈念しております。

CONTENTS

CHAPTER 2

管理会計と財務会計……47

CHAPTER 3 知っておきたい経営の数字……67

CHAPTER 4 経営戦略と経営計画……95

CHAPTER 5

CHAPTER 6

CHAPTER 7

CHAPTER 1

予算の基礎知識

CHAPTER 1-01

予算の定義と種類を知っておこう

1年の目標数値

中期経営計画をブレイクダウン

オフィスでよく見かけるシーンにこういうのがあります。

（会社の地下にある喫煙コーナーでの会話）

部下「課長、そろそろ来期の課の売上予算を考えねばならないのでは」

課長「そうだね。気が重いね。来年の目標はあまりきつくないといいんだけど」

部下「予算は、いつも上から振ってくるんですか。それを現場で実現できるように考える？」

課長「だいたい、そうだね。なぜその数字になるのか、実は、よくわからないんだ。ところで君は来年どれくらいいけそう？」

部下「新規のA社の取引は、まだ伸びると思いますが、Ｂ社、Ｃ社はやや減るかもしれませんね」

課長「そうか。それだと結局は、現状維持か。昨年は前年比5％アップだったよな。ことしもそんな感じかな」

〈中期経営計画と予算の関係〉

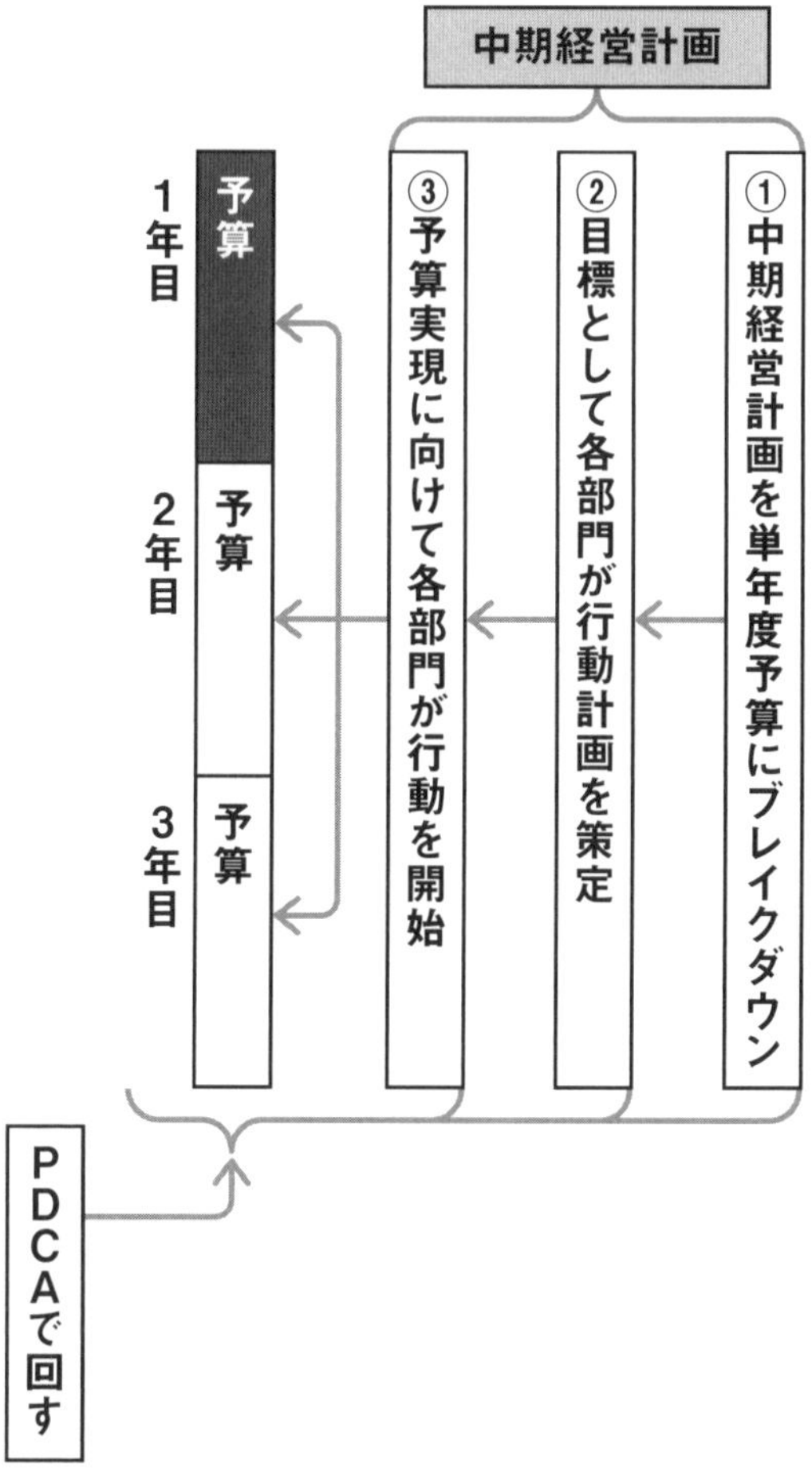

期間では単年度予算、四半期予算、月次予算

多くの企業では、予算は、いわゆるトップダウン型で決まることが多いようです。部課長が管理する予算は、次のようになります。

企業経営とは、経営資源を有効に使い利益を最大にすることです。そのために、さまざまな戦略を実行していきます。その**戦略を数字に落とし込んだものが長期・中期経営計画であり、それを短期（1年）に落とし込んだものが、「予算」**になります。

最近では、市場環境が不透明なため、長期経営計画を立てる企業は少なくなりました。多くは中期経営計画です。したがって中期経営計画を、1年単位にブレイクダウンしたものが予算といっていいでしょう。

したがって予算は、期間でみれば単年度予算、四半期予算、月次予算などがあります。端的にいえば短期利益計画・実行計画のことです。各部門の部課長は、この予算を達成することがミッションになります。予算をコントロールすることを予算の統制といいます。

収入の根幹である販売予算だけではなく、予算を職能別部門別にみれば、さらに範囲は広がります。一般的には、経常予算だけではなく、投資予算に区分され、これらを総合して総合予算といいます。なかでも損益予算は会社の収益・費用に関する予算であり、販売予算、製造予算、一般管理費予算等に区分されます。本書でメインとなるのは販売予算であり、これも売上予算、売上原価予算、販売費予算の区分があります。

〈予算の体系〉

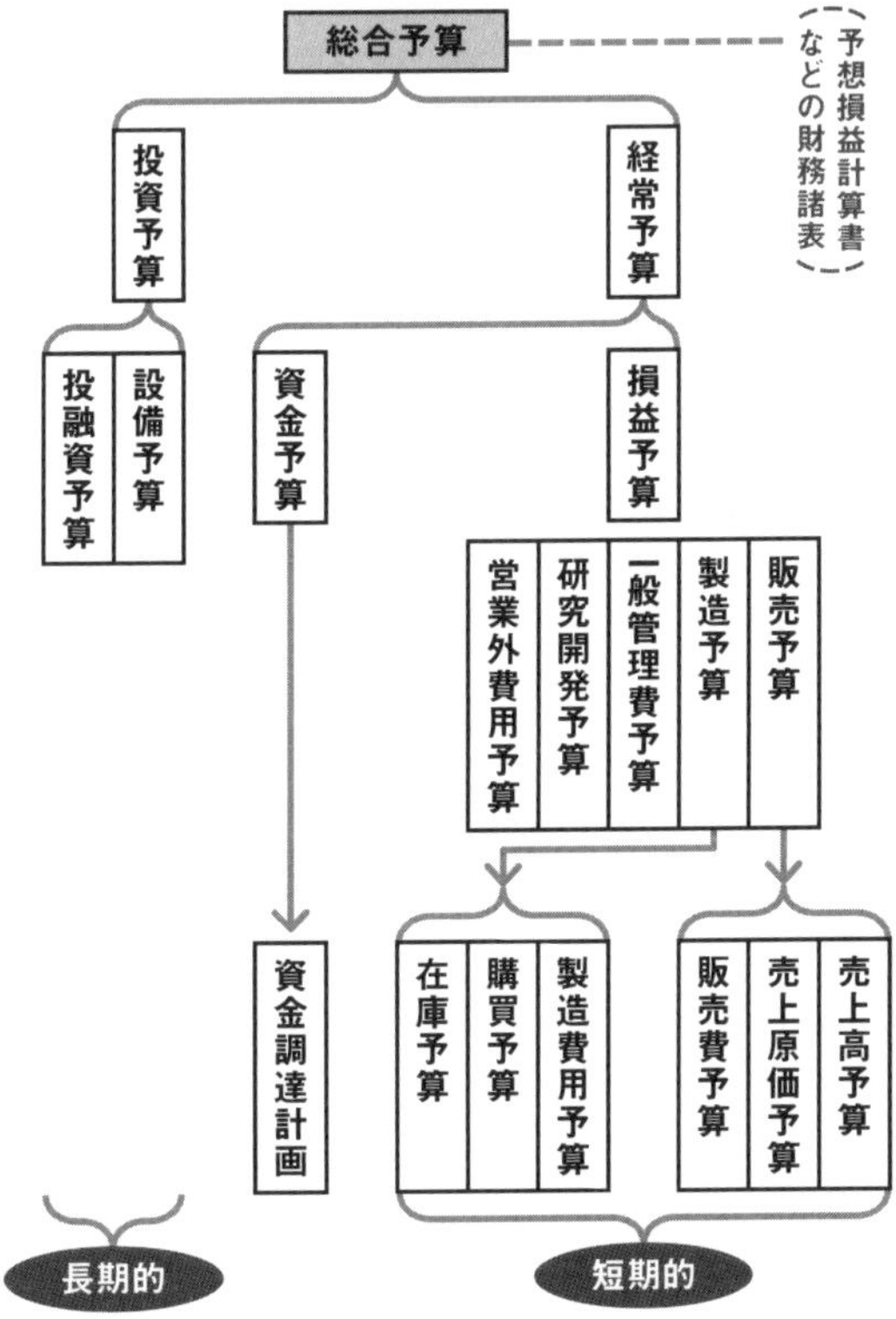
総合予算
予想損益計算書などの財務諸表
投資予算
経常予算
投融資予算
設備予算
資金予算
損益予算
営業外費用予算
研究開発予算
一般管理費予算
製造予算
販売予算
資金調達計画
在庫予算
購買予算
製造費用予算
販売費予算
売上原価予算
売上高予算
長期的
短期的

CHAPTER 1-02

予算作成のやり方

納得いく目標にするのが重要

4段階のプロセスを経て作成される

(ある会社での部長と課長の会話)

部長「予算委員会から割り振られた数字は、どう？　君の課では、うまくいきそうかね」

課長「いやあ、部長、とてもじゃないですが、無理そうですよ」

部長「なんだ、最初から諦めていたんじゃ、どうしようもないな。なんとかするのが君の腕じゃないか」

課長「そうはいっても、こんなすごい数字では――」

一般的に、予算は次の4つのプロセスを経て作成されます。

1　経営者層での検討

市場環境や株主への対策等を勘案し、どれくらいの売上・利益を目標(数値)とするかの基本方針を決定します。

2　予算委員会での検討

経営者層の決定した基本方針を受けて、予算を達成するための戦略をシミュレーションし、目標の事業部門への割り振りを行います。

3　各事業部門での検討

割り振られた目標を達成するために、部門単位での戦略を練り、各課への割り振りを行います。

4　各課での検討

割り振られた目標を達成するために、現場レベルで実行可能な予算の数字を作成します。

1から4のプロセスを経て、現場での予算を作成したら、今度は逆に、4から1の流れで承認されることで、全社的な予算が確定することになります。もちろん、この流れでは各部門の利害関係なども絡みスムーズにいくとは限りません。たとえば、課に割り振られた予算が現場で達成不可能と判断されるような場合は、部長との交渉で、目標の再検討がなされます。同様に事業部門でも割り振られた目標が達成不可能と判断される場合は、その上と再交渉することになります。こうして4から1での調整を繰り返しながら全社的な予算が策定されます。こうしたケースでは全社的な視点からシミュレーションとサポートが必要です。これは主に経営企画部等が担います。

上から下まで共有し達成への動機づけを図る

多くの中小企業では、経営者層が目標を設定し、現場はその数字を達成するための戦略を考えるというトップダウン方式で、予算が作成されているようです。

この方式は、策定に時間がかからないメリットはあるものの、現場に過度のプレッシャーがかかる、あるいは実行段階で現場が無理をして疲弊してしまうというデメリットがあることも知られています。

そのような点もあって現在では、全体の方向性について経営者層で決定した後、現場からの数字の積み上げによって会社全体の目標を計算し検討する、という**ボトムアップ方式や、トップダウン方式とボトムアップ方式の折衷方式をとる会社も増えています。**

どの方式をとるにせよ予算の編成の過程は、部門間の調整の過程といってもいいでしょう。さまざまな構成員が、予算策定プロセスに関与することで、その目標を、会社の上から下までが共有することとなり、達成に向けての強い動機づけになるものです。

部課長は、策定の段階で、中期経営計画や年度予算を「絵に描いた餅」にしないようにすることが大切です。

トップマネジメントと現場の考えが合わない場合は、予算委員会の調整を通じて、現場において課のメンバーが納得のいく目標にすることが重要です。

〈予算作成のプロセス〉

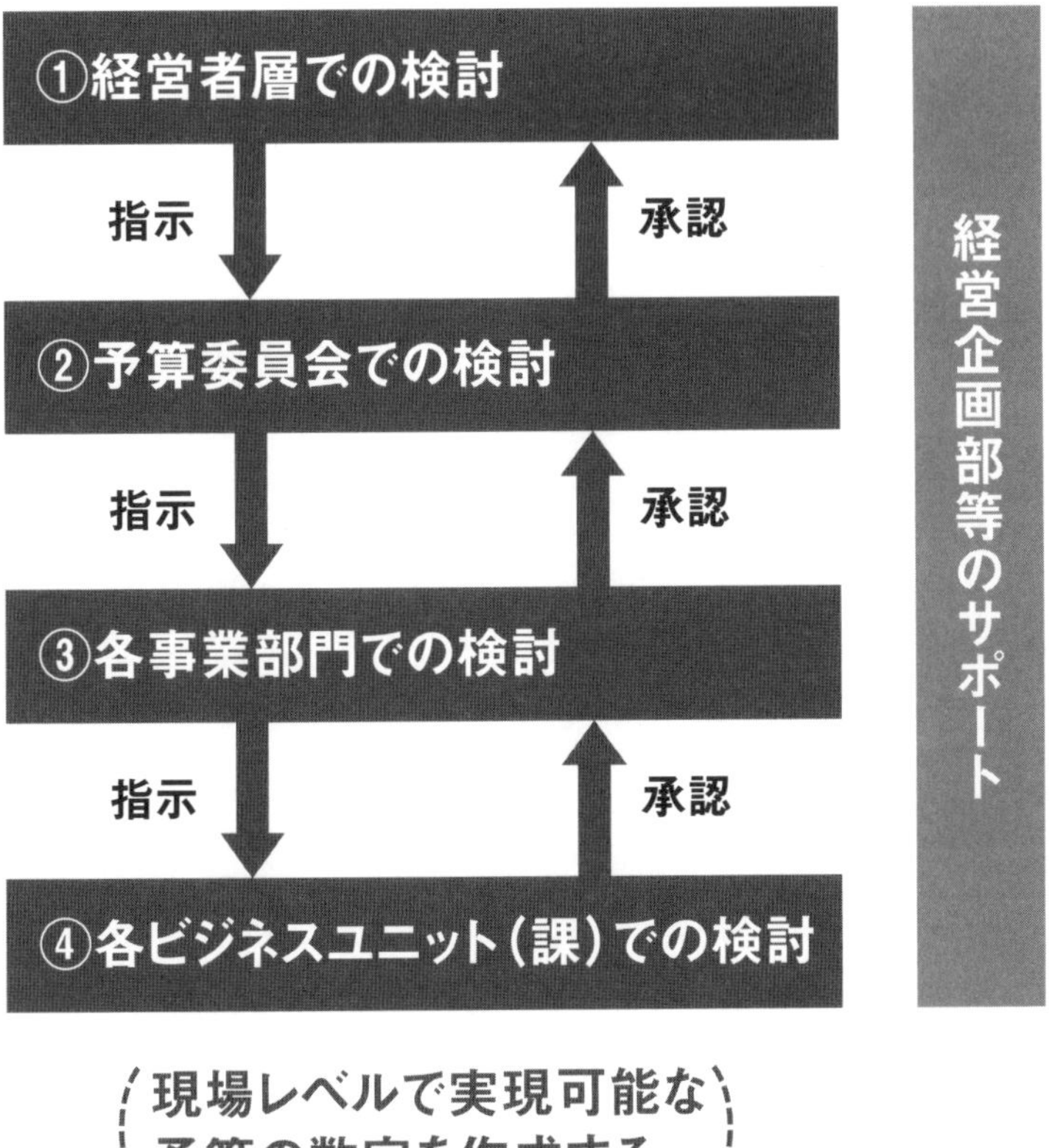
①経営者層での検討
指示
承認
②予算委員会での検討
指示
承認
③各事業部門での検討
指示
承認
④各ビジネスユニット（課）での検討
経営企画部等のサポート
現場レベルで実現可能な
予算の数字を作成する

CHAPTER 1-03

トップダウン、ボトムアップ、折衷型

折衷型が理想

3つのパターンとメリット、デメリット

（課長と部下の会話）

部下「あれ、課長。なんだか暇そうですね。いま予算づくりで忙しいんじゃないのですか」
課長「ああ、あれね。もうとっくにつくって送ったよ」
部下「さすが、仕事がはやいですね」
課長「いや、あれは、単なる儀式でね。どうせ上の方で変えて決められてくるんだ。だからすぐできちゃうのさ」
部下「……」

前項に続き、予算の作成の方法の違いをみておきます。予算の策定法には、次の3つがあります。

トップダウン型

経営陣がトップダウンで包括的かつ独断的に目標数値を決定する

ボトムアップ型

予算達成の責任を負う現場担当者が、参加して組み上げて決定する

折衷型

トップダウンとボトムアップを組み合わせたやり方。経営層と現場担当者が協議をして決定していくスタイルをとる

冒頭の会話は、ボトムアップ型か折衷型のスタイルを形式上はとりながら、実態はトップダウン型になっています。

トップダウン型は、中長期的目標を策定する経営者層が予算を策定するため、中期経営計画との整合が図りやすくスピーディーです。その反面、話が目標数値ありきで進んで、現場の認識とはかけ離れてしまい、およそ実行できないものになる恐れがあります。社内で絵に描いた餅とか、上からのご託宣というように揶揄されている例もあります。こうなると、予算の達成はおぼつかなくなります。

ボトムアップ型は、現場担当者による参加型といえます。現場が予算策定に参加することで、モチベーションの向上につながるとともに、業務改善のヒントが生まれる場にもなります。ただし現場主導にしすぎると、無難で達成可能な目標をあげてくるきらいはあります。

折衷型が理想的な姿

トップダウン型とボトムアップ型にはメリット、デメリットがあります。やり方次第で、そのメリットを活かしデメリットを減らせるのが両者の「折衷型」といえます。**折衷型は、最終的な目標を経営者が示しながら、その具体的な達成方法や割り振りの数値を現場と共有する**というものです。そのため作成には時間がかかりますが、仕上がりは、経営者と現場が納得したものになるのです。重要なことは、現場が目標数値の重要性を認識し、達成しようという気持ちになることです。そのために経営者は、時間を割き現場の話を聞いて、納得できるものに調整する必要があります。

また予算策定を担う部課長の方も、実現可能性を踏まえて、上部へ積極的に働きかけることが重要な作業になります。

たとえば、上位方針がおかしいと感じた時には、意見を言い議論をすることが大切です。マネジメントの世界にペルツ効果というものがあります。心理学者のドナルド・ペルツが1950年代に発表したもので、「上司の支援が増える程、部下の職務満足は高まるが、上司の上方影響力が低いと部下の職務満足が下がってしまう」というものです。予算策定の場面でも同じ。上位に意見を具申せず、ただ割り振られた数字に従うだけでは、課のモチベーションは下がってしまうということを肝に銘じておきましょう。

〈予算策定の3方法の特徴〉

種類	内容	メリット	デメリット
トップダウン型	経営陣がトップダウンで独断的に数値目標を決定する	中期経営計画の数値目標と予算の内容が一致する。スピーディーに決まる	現場の意見が無視されて、達成不可能だと現場がとらえがちである
ボトムアップ型	各部門の現場担当者がボトムアップで予算編成に参加し、まとめていく	達成意欲の動機づけに有効。現場が考える改善策をアピールする場となり、革新が生まれやすい	中期経営計画と乖離した甘い予算設定になりがちである
折衷型	トップが目標数値を示し、現場担当者と協議の上で、積上予算を編成する	トップと現場の意思疎通が図られ、双方の考えを理解した上で策定される。意見形成の場ができる	策定に際して、時間がかかる

CHAPTER 1-04

予算には5つの機能がある

動機づけが重要

計画、調整、伝達、動機づけ、責任と評価

部下「予算づくりで、会議が増えて大変ですね」
課長「いや、実はそうなんだ。でも、いいこともあるんだ。日頃あまり話をしなかった○○課の課長さんの意見を聞いているうちに、だんだんうちの課の問題点が見えてきてね」
部下「へえ、そんなものですか」
課長「まあ、われわれも井の中の蛙だったっていうか。なんだか来期はうまくいくんじゃないかと思えてきた」
部下「それなら時間を割いて、出た甲斐がありましたね」

予算には機能があります。大きく分けて事前的機能と事後的機能になります。

事前的機能には、

①計画機能

②調整機能

事後的機能には、

③伝達機能

④動機づけ機能

⑤責任の明確化と業績評価機能

があります。

すでにみたように予算は中期経営計画を達成するための1年の短期計画として策定されます。その目標達成のために各部門では実行計画が練られます。こうした作業が行われることを計画機能といいます。さらに予算策定の過程では、一般的には経営層との調整を経ます。トップと現場の考えを摺り合わせします。合わないときには下方修正などが行われます。これが垂直的調整です。また各部門間でどのような利益予算を配分するか、生産部門と販売部門といった職能部門間でも、予算の調整を行います。これを水平的調整といいます。

冒頭の会話の例は、水平的調整に当たります。その結果、業務改善のヒントが生まれたことになります。

こうした調整が行われた結果、最終的に決定された予算は、その年度の正式な目標として全社的に伝達されます。これを伝達機能といいます。

事後的機能が予算統制

予算の策定で述べた折衷型の方法では、その過程でさまざまな階層の構成員の意見やアイデアを集約して作成されます。うまく調整できれば策定に関与した担当者をはじめ各構成員も、たんに割り当てられたトップダウン型の数値とは違い、達成に対して強い動機をもつことになります。これが動機づけ機能です。

さらに**予算によって、各部門および構成員が、具体的になにを目標とすべきかが明確化**されます。言い換えれば、各部門と個々人の責任が明確になるのです。そして予算は毎月、四半期、毎年の実績と比較され（予算と実績の差を予実差という）、改善策を実行しながら、その達成度合いが、各部門、個々人の業績評価の尺度の1つになります。これが責任の明確化と業績評価機能に当たります。

予算を予算編成と予算統制にわけてみた場合、事前的機能が予算の編成、事後的機能が予算の統制に当たります。

また予算統制のプロセスを後述のPDCAサイクル（P40）でみれば、C（チェック）とA（アクション）のところになります。Cでは予実差を分析評価し、Aで改善活動の提案・実行を行います。P（プラン）は予算策定、D（ドゥ）は業務執行です。Aでの改善策がうまく打てるかどうかが、予算を達成する上での部課長の重要な役割になります。

〈予算の機能〉

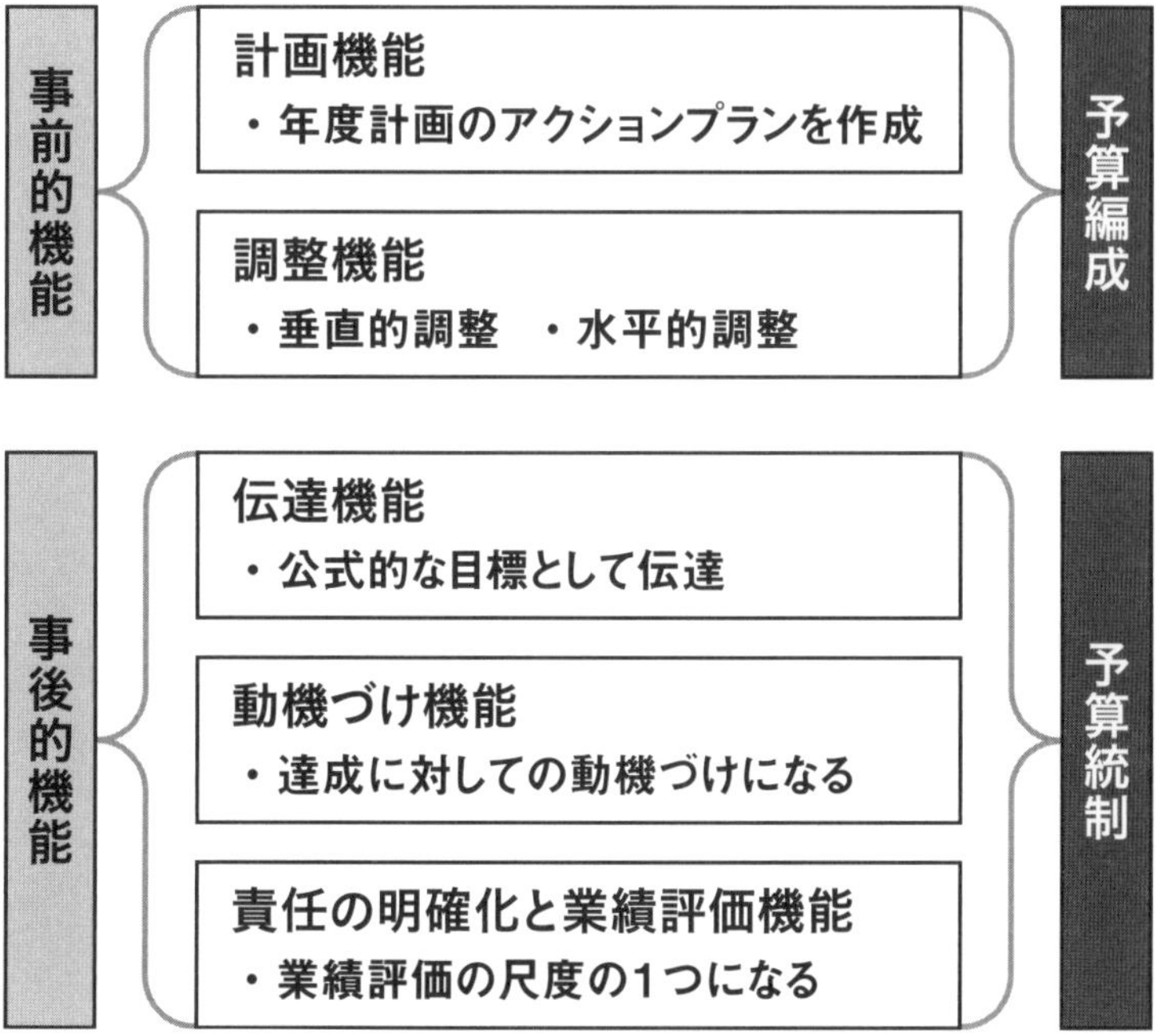
事前的機能
計画機能
・年度計画のアクションプランを作成
調整機能
・垂直的調整　・水平的調整
予算編成
事後的機能
伝達機能
・公式的な目標として伝達
動機づけ機能
・達成に対しての動機づけになる
責任の明確化と業績評価機能
・業績評価の尺度の1つになる
予算統制

CHAPTER 1-05

予算と経営計画

目標を明確化する

経営理念を実現するための方策

みなさんの会社でも「今後、わが社はこうあるべきだ」「当社はこうありたい」と、「経営理念」や「ビジョン」を定めているはずです。経営理念というものは経営者の心の中にあればいい、明文化しなくてもいい、という考えもありますが、経営者が常に意識しているのは当然ですし、従業員やステークホルダー（利害関係者）とも共有できているほうがいいはずです。

一方、「経営戦略」という言葉もあります。経営理念が、会社の方向性を指し示すものであるのに対し、それをどのような方法で実現するかを明確にするのが経営戦略です。これは社外秘が多いかもしれません。すべての手の内を明かす必要はないのです。**経営戦略に基づいて、「経営計画（事業計画）」が策定されます。**

経営計画では、どれだけの売上や利益を得るのかということを具体的な数値で示すことが求められます。またスケジュールも示されます。こうして経営者の考えがより明確になり、従業員の立場からも目標をはっきりと捉えることができるのです。

資金調達のできる企業になろう

経営計画は、社内だけではなく金融機関や株主などにも開示する必要があります。秘密だらけの会社に誰も資金を提供してはくれません。そして、ほとんどの会社は、自己資金だけで運営していくことは不可能です。これは成長期だけのことではなく、ピンチのときでも同じです。ステークホルダーに融資や出資を求めるときは経営計画を明確にします。

たとえば金融機関から融資を受ける際には、審査書類として「経営計画書」の提出を求められるはずです。金融機関は経営計画書の内容を精査し、事業そのものの将来性や可能性、売上計画の精度などをチェックします。

日本政策金融公庫をはじめとする多くの金融機関は、起業時に「創業計画書」の提出を求めています。**資金調達のできる企業となるための第一歩が、事業計画なのです。**継続的な事業経営が成り立つのか、どこにリスクがあるのか、見通しとやる気をもって事業に取り組んでいるのかが判断されるわけです。貸し倒れを未然に防止するだけでなく、健全な企業を長期にわたって育成するためにも創業計画書の内容は非常に重視されています。

なお、事業計画には、5年程度の長期経営計画、3年程度の中期経営計画、単年度の経営計画(年度計画)などがあります。近年は、5年もの長期にわたる経済情勢やマーケットの見通しが困難なことから、3年をめどとした中期経営計画を策定する企業が多くなっており、それをベースにして年度計画=予算が策定されています。

新規事業と事業計画

中小企業白書(2016年版)には、新規事業と事業計画についての調査がありました。そこで指摘されていることは、**新規事業は大きなリスクを伴う以上、はじめてみたものの継続すべきか撤退すべきかで悩むときが必ずくる**、ということです。リスク管理部門を設けて事業計画に基づきながらアラートを発することができれば、「撤退」という決断もしやすいかもしれませんが、そうした部門がない場合は危険なまでに過度に新規事業に力を入れてしまい、経営がぐらついてくる可能性も否めません。

専門部門を持たなくても、事業計画を策定するときにリスクについては検討をすることになります。このため、事業計画を策定している企業は「新事業展開の既存事業への影響についての分析」ができている割合が、事業計画を策定していない企業よりも10%高くなっていました。融資などにも関わる「新事業展開の必要性について費用対効果分析・シミュレーション等の実施」に至っては、事業計画策定企業は90%以上が検討をしているのに対して、そうではない企業は70%程度しかできていませんでした。

時代の変化に対応して経営を継続していくためには、新規事業もある程度は必要な施策です。事業計画を作ることを前提にしていれば、新規事業にも踏み出せる可能性は高くなります。そこに未来があるかもしれません。事業計画によって利点やリスクが明らかになることで、新規事業をやるやらない、やってからの継続・撤退の判断もしやすくなります。

〈予算と経営計画〉

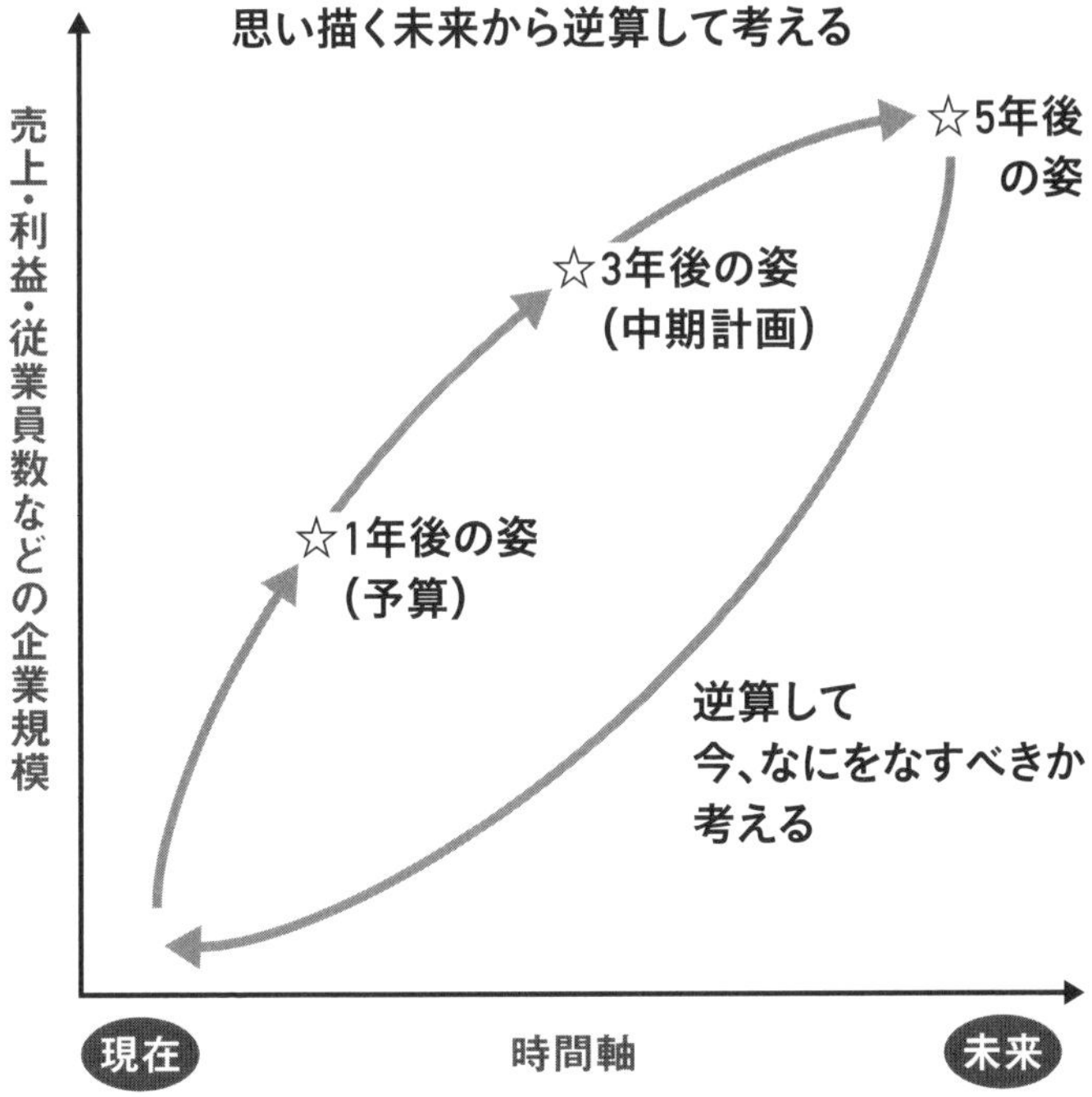
思い描く未来から逆算して考える
売上・利益・従業員数などの企業規模
☆5年後の姿
☆3年後の姿（中期計画）
☆1年後の姿（予算）
逆算して今、なにをなすべきか考える
現在
時間軸
未来

CHAPTER 1-06

PDCAとマネジメントサイクル

経営における管理活動の重要性

近代的な経営管理とは？

経営を近代化するにあたって、そもそも経営とはなにをするのか、という研究が100年前、20世紀初頭に急速に進みました。みなさんも一度は耳にしたことのある**アンリ・ファヨール、フレデリック・テイラーなどが経営を「管理する」という考え方を明らかにしていきました。**ただし、ファヨールはフランス人だったので、英語圏に知られるようになったのは第二次大戦後のことでした。

テイラーの『科学的管理法の原理』は1911年、ファヨールの『産業ならびに一般の管理』は1916年に刊行されています。テイラーは「科学的管理法の父」とも呼ばれています。また、ファヨールは「計画し、組織し、指揮し、調整し、統制するプロセス」と経営管理を定義しています。第二次大戦後には米国などでこの考え方が一気に普及していきます。ファヨールは、実践の人でした。倒産寸前の鉱山会社を立て直すなど、経営の現場で非凡な能力を発揮し、その経験を経営理論としてまとめたのです。

会社の6つの「活動」

「マネジメントサイクル」「ＰＤＣＡ」「ＰＤＳ」「ＳＴＰＤ」という言葉には、みなさん、大なり小なり馴染みがあると思います。

ファヨールは、Planning（計画）→Organizing（組織化）→Commanding（指令）→Coordinating（調整）→Controlling（統制）というサイクルを提唱していました。

そしてウォルター・A・シューハートはShewhart Cycleと呼び、デミング賞で知られているエドワーズ・デミングはDeming Wheelなどとも呼んでいるものが、いわゆる「ＰＤＣＡ」です。

こうして戦後、近代的な経営管理に欠かせない考え方が確立されていきました。

ファヨールは、将来を検討し活動計画を立てること、それを実現するための物的組織および社会的組織を構築すること、組織内の従業員を機能させるための指揮命令をすること、それらの活動を調和させること、計画で設定された基準やプロセスで発した命令の実行度合いなどから、経営を管理できると考えたのです。

そして**大切なことは、こうしたサイクルを回し続けること**こそが経営であり、企業の経営管理であり、普遍的なことなのだとしているのです。

勘や経験による経営はいわば糸の切れた凧。風まかせではとても危険ということです。

PDCAサイクルを回し続ける

現在、広く活用されている**PDCAサイクルは、計画(Plan)→実施(Do)→評価(Check)→改善(Action)という一連の活動**のことですが、これを繰り返していくことで、予算達成の確度を高めていくのです。

また、PDSサイクルは、検証から改善を統制(See)と考えてひとくくりで対応していくものです。検証(Check)は、予算(計画)通りに進んでいるかをチェックします。そして改善(Action)で、うまくいっていない部分を修正していきます。ところが、サイクルなので、Aのあとはまたpに戻ります。改善したあとに計画では、「二度手間ではないか」と考えるケースもあるわけです。そこで統制(See)を行います。検証して不要なものを捨て、必要なものを取り入れ、次のPへとつなげる考えもあるわけです。

さらに、STPDサイクルという考えもあります。これはかつてソニーの工場で生まれたとされるマネジメントサイクルです。See（じっくり見る）→Think（どうするべきか考える）→Plan（計画する）→Do（実行する）というサイクルは、主に現場での改善に威力を発揮します。またマネジメント主導ではなく、現場の叡智を活かすこともできるので、ともすればPDCAのPがトップダウンとなってしまう点を補えるのではないでしょうか。

マネジメントサイクルは、年単位より四半期単位、さらに月単位と回転速度を上げることでより効果が発揮されるという考えもあります。

〈マネジメントサイクル〉

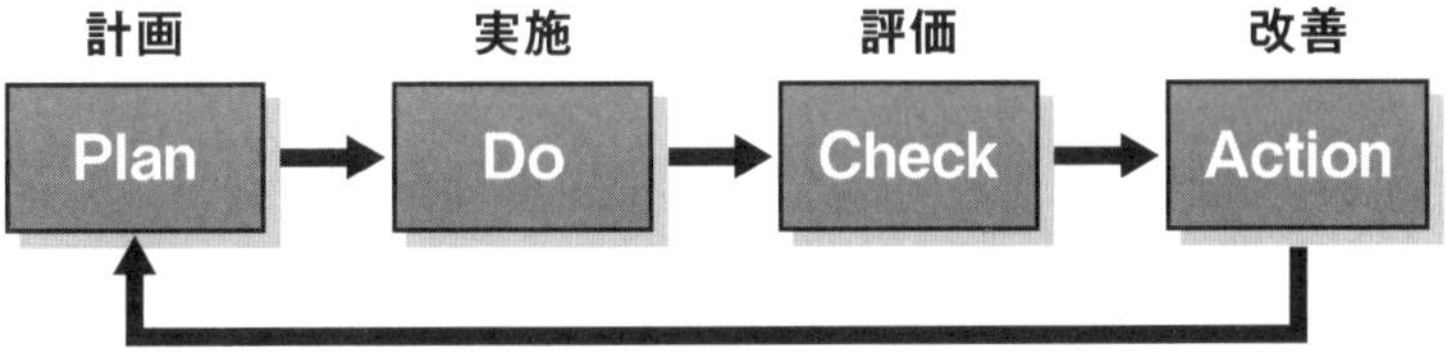

Plan　【計 画】計画を立て、予算を措置する。

Do　【実 施】事業の実施、商品・サービスの提供を行う。

Check【評 価】事業の実施結果を評価し、成果・課題を明らかにする。

Action【改 善】課題を改善につなげる。

ファヨール =Planning（計画）→Organizing（組織化）→Commanding（指令）→Coordinating（調整）→Controlling（統制）

PDS =Plan（計画）→Do（実行）→See（統制）

STPD =See（じっくり見る）→ Think（どうするべきか考える）→Plan（計画する）→Do（実行する）

CHAPTER 1-07

予算に縛られすぎると変化に対応できない

柔軟な対応法も重要

予算管理の限界とは

予算管理のメリットは、中長期経営計画と、単年度の行動計画をつなぐことで、企業の描く将来像とその実現に向けての現場行動を結びつけることです。そもそも**単年度の予算に展開できない中長期経営計画は実現の見込みはなく、ただのお題目**になってしまいます。とはいうものの、お題目として計画が浮いてしまっている会社もあります。その要因として大企業の場合は、ステークホルダーの評価を高めるために「厚化粧」されている、中小企業の場合は、そもそも予算編成ノウハウがないなどが挙げられます。予算の限界は、場合によっては予算の存在そのものが、市場環境の変化への対応を妨げるということです。予算編成は、少なくとも新年度の数カ月前になります。予算策定後に激しい環境変化が起きた時、その数字に縛られて迅速な対応ができない例があります。08年のリーマンショックでは、多くの企業が変化に対応できず赤字に転落したのは記憶に新しいところです。

脱予算経営という考え方

市場環境の変化が激しいいま、こうした予算管理の限界を唱える向きもあります。その代表は、２００３年に発行された『脱予算経営(Beyond Budgeting)』（ジェレミー・ホープ、ロビン・フレーザー著、生産性出版）の主張です。90年代の後半に、欧州で設立された産学フォーラムＢＢＲＴ（Beyond Budgeting Round Table）のメンバーにより論文が発表され注目されるようになりました。この考えによれば脱予算経営モデルとは「予算が抱える問題点を克服し、企業戦略を成功裏に遂行するために、**予算を廃止して変化適応型で分権化して権限を委譲した組織をつくり上げる**」ことに本質があるとされています。問題点とは、編成作業に時間とコストがかかる、予算がいまの競争環境にマッチしないなどです。訳者の大学教授は、脱予算経営とは、予算を廃止することが必須なのではなく、「変化適応型」組織をどうつくるか、そのための目標となる指針はなにかという問題に帰着すると述べています。

これと似たような観点で、92年に、米国の経営学者ロバート・Ｓ・キャプランとコンサルタントのデビッド・ノートンにより発表されたのがバランススコアカード(ＢＳＣ)です。米国での企業の評価方法が財務面に偏りすぎているという批判から生まれたもので、非財務の視点を取り入れて目標の達成度合いを、重要業績評価指標(ＫＰＩ)でみることに特徴があります。ＢＳＣの詳細については、Ｐ１９１以降を参照してください。

〈脱予算経営が指摘する予算の問題点〉

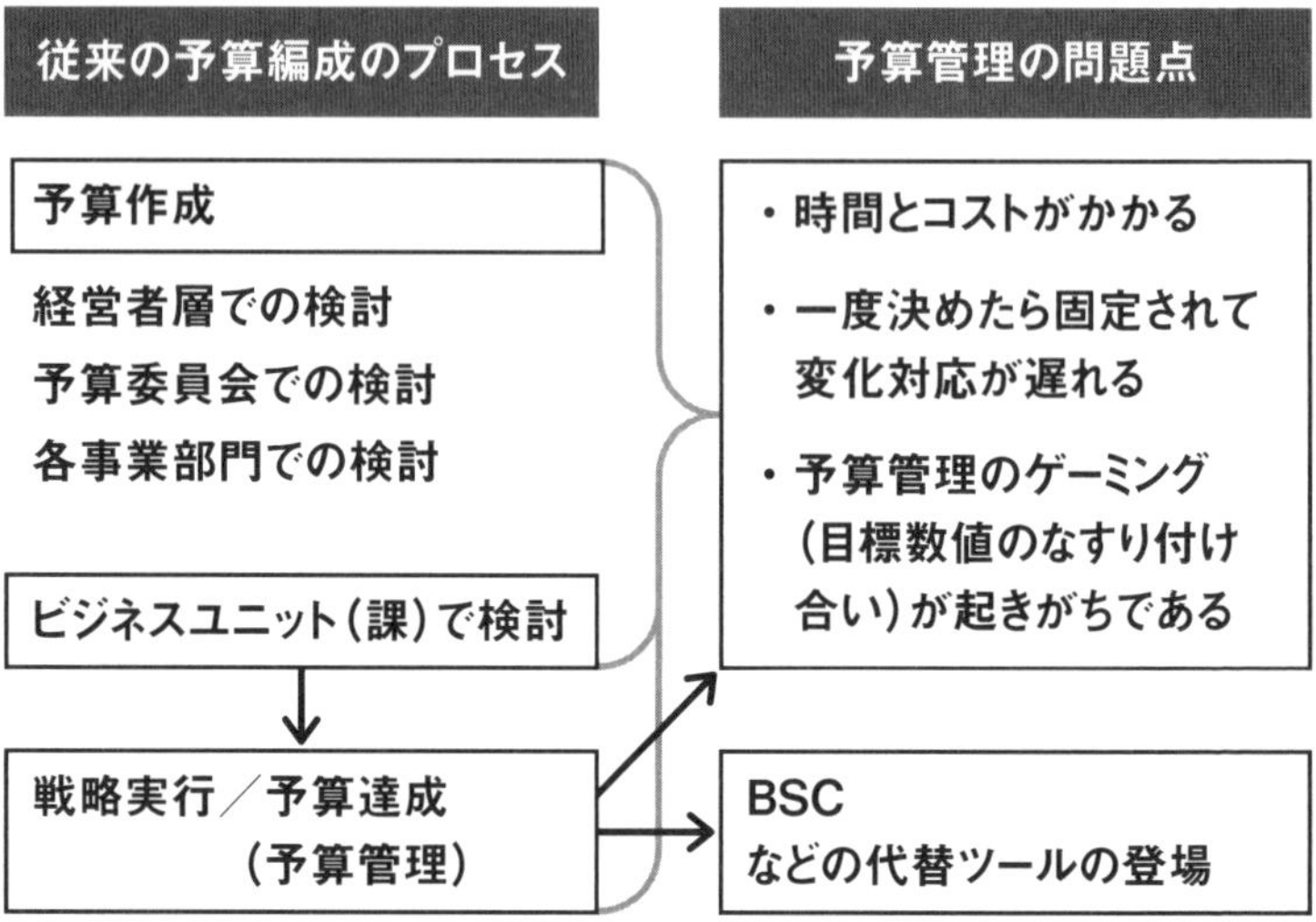

従来の予算編成のプロセス
予算管理の問題点
予算作成
経営者層での検討
予算委員会での検討
各事業部門での検討
ビジネスユニット（課）で検討
戦略実行／予算達成
（予算管理）
・時間とコストがかかる
・一度決めたら固定されて
変化対応が遅れる
・予算管理のゲーミング
（目標数値のなすり付け
合い）が起きがちである
BSC
などの代替ツールの登場

CHAPTER 2

管理会計と財務会計

CHAPTER 2-01

会計はなぜ必要なのか

出資者の観点で誕生

会社の実態を知る共通ルール

A君「課長、最近、遅くまで大変そうですね」
課長「社長が代わってさ、月次の数値にうるさくてね。管理会計に力をいれているのさ」
A君「カンリカイケイ？ですか。それって、経理がするんじゃないんですか？」
課長「うーん。そっちは財務会計だね」
A君「ええ！　会計って簿記とかの会計だけじゃないんですか？」
課長「みんなが同じルールで計算することになっているのが、財務会計。会社ごとに自分たちのルールでやるのが管理会計」

会計には、財務会計と管理会計（P52を参照）があります。その点をふまえて考えていかないと、予算管理と一口に言っても、混乱する可能性があります。

そもそも、会計はなぜ必要なのでしょう。現在のところ、資本主義経済のルールで成り立っている企業は、ほぼ同じ会計ルールを採用しています。それはなぜでしょう。

出資に見合った配当は貰えるのか？

会計の歴史は、古代文明の時代からはじまっています。シルクロード、古代エジプト、ギリシャなどは交易がとても盛んで、そこには商売に関しての金銭の出納を記録することがすでに行われていました。現在の会計につながる大きな転換期は16世紀以降のオランダを中心に起こりました。

東インド会社の登場です（1600年）。それ以前の貿易は、1回の航海ごとに出資者を募り、終了すると精算をしていました。でも、これでは毎回、出資を募る手間を含め、競争で後れを取ってしまう可能性があります。また、大切な船と船員を確保しておかなければなりません。このため、集めた資本を会社として継続的に運用しながら貿易活動を続けるようになっていきます。

そのためには、事業にともなうお金の出入りを記録し、**出資者も納得するようにわかりやすく示す義務が会社に生じました。**それが「会計」として発展してきたのです。お金の出入りを記録して、出資者がどれくらいの利益の配分を得ることができるか、または損失を被った場合に出資に応じた負担を計算するのです。

また、政府としても、税金を課す場合の基礎的な数字を把握する上で、会計は重要な役割を果たします。加えて、経営者や事業に携わる人にとっても、会社の現状を把握する上で、大切な情報となっています。

財務会計というルール

出資者は会計を通してなにを知りたいのでしょうか。出資、つまり自分の資金を提供するわけです。その見返りとして、利益を分配してもらうことを期待しています。一緒に仕事はしないけれども、仕事をするための資金を出しているんだよ、ということです。出した資金に見合った配当が欲しいわけです。ですが、儲かっていないのに配当は貰えないし、儲けを隠されても配当を減らされてしまう懸念があります。つまり問題は「お金」。**会計は、お金が本当にあるのか、あるならいくらなのかを明確にするための方法**です。

このため、配当の対象となる事業の期間(会計年度)を決めて、その間の金銭の動きを把握していきます。結果として会計で示される数字は、過去のものとなります。事業が儲かったのかどうか。その儲けの内訳はどうか。その中から税金のようにいずれ払わなければならないものを除いて、配当に回せる金額はいくらか。それを全部配当してしまうのか、それとも再投資するのか。こうしたことを会社側と出資者がお互いに納得できるよう、統一された会計ルールで見ていくのです。ですから、決算が遅れる、決算で不正が発覚するといったことが、重大な問題になるわけです。

財務会計には統一ルールがあり、財務3表と呼ばれる貸借対照表(バランスシート＝BS)、損益計算書(PL)、キャッシュフロー計算書(CF＝ただし未上場企業は作成の義務はない)が、その代表です。

〈会計と法律の関係図〉

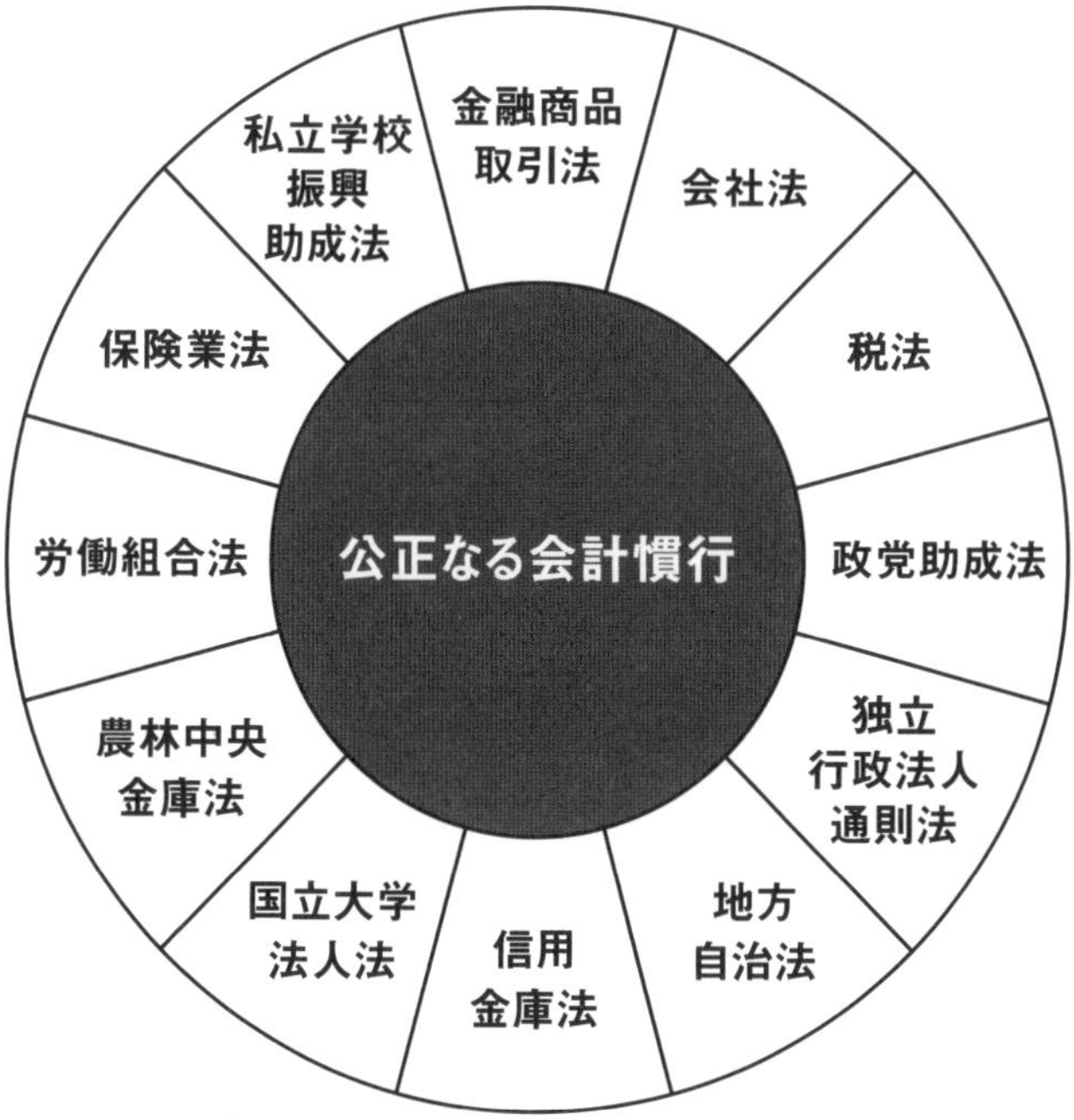

公正なる会計慣行＝「企業会計原則」1949年、大蔵省企業会計審議会。
2001年からは企業会計基準委員会。

金融商品取引法＝投資家保護を目的として投資判断に必要な経営成績や財政状態を開示する。

税法＝課税所得を算定する。学校法人（私立学校振興助成法）、独立行政法人（独立行政法人通則法）、政治政党（政党助成法）など対象となる法人によって会計ルールを定めている。

CHAPTER 2-02

経営者のためにある管理会計

未来志向型の数字のつくり方

財務会計からの情報だけでは役立たない

資本主義社会の発達にともなって、会社が営む事業内容も複雑になっていきました。また出資形態も変化し、株式市場が登場します。オランダ東インド会社が、アムステルダムの証券取引所に上場し(1602年)、有価証券を最初に発行した会社とされています。以後、資本家だけによる出資に加えて、不特定多数の株主も増えていき、それにつれて、財務会計も厳格になっていきます。

一方、経営者としては、**過去の数字を扱った財務会計から得られる情報では、未来を思い浮かべることが難しい**ことから、事業の将来に必要な情報を得たいと思うようになります。

1800年代の米国の綿製造、そして発達著しい鉄道事業では、「原価計算」を取り入れはじめました。鉄道は複雑でした。新しい路線、新しい車両の投入とそれによる利益の見込みがわかれば、未来が見えると考えたわけです。鉄道は鉄道債を発行して出資を募りますが、そのときに「これだけの利益が見込める」と言いたかったのです。

より正確によりスピーディーに

このことから、より正確に、よりスピーディーに事業の今後を考えるための会計システムを構築すれば、競争で優位に立てることが明らかになっていきます。20世紀初頭には、資本主義は巨大企業を生み出すようになり、事業規模の拡大にともなって、会計処理も膨大な計算が必要となりました。

この頃からテクノロジーとしての計算機の発達も急激に進みます。数字の集計においてはパンチカードシステムが1800年代から登場し、やがてコンピューターへと発展していきます。また計算機は電卓へと発展していくわけです。

ある期間の数字を可能な限り早く把握することは、いち早く経営的な決断が打てることになります。それは現在でも同じです。POSシステムにより、いまではどの店舗のどのレジでなにがどれだけ売れたのか、スピーディーに把握できる時代となりました。

このような**経営者のための会計を「管理会計」（management accounting）といいます。**管理とは、マネジメントサイクル（P40）で触れたように、テイラーをはじめとした「経営管理」の発想と関係しています。経営は、経営者が好きなように思いついたままに動かすのではなく、きちんと管理しなければ継続できず、発展も望めません。

さらに事業の売却、事業承継などにおいても、財務会計だけではなく管理会計で把握する数字が大きな意味を持つこともあります。

経営に役立つ数字とは？

不特定多数の投資家などに向けた財務会計とは違い、管理会計は、経営者をはじめとして限られた人たちだけの数値なので、統一されたルールはありません。大手企業などでは「○社式」と呼ばれるような独特の手法を構築していることもあります。同時に情報システムとの関係性も高いため、どのような情報投資をしているかによっても、出てくる数字は大きく変わってきます。

そうした中で脱予算経営（P45）、バランススコアカード（BSC、P191）といった考えも登場してくるようになりました。いずれも、経営に必要な数字をどうやって見つけるかに関わってきます。

事業の将来を決める数字はなんでしょうか？　将来といっても来年のことなのか、5年後なのか、20年後なのか。それによって見るべき数字、注意すべき数字も変わってきます。

さらに問題になるのは、精度です。将来という不確定な未来を描くための数字が、そもそもどの程度信頼できるのか。信頼できる数字だとしても、いったい、いつの時点のものなのか。あまり古い数字では役に立たないでしょう。**最新でもアバウトな数字と、少し古いが精度の高い数字が、経営判断（意思決定）の場面では混在する**ことになります。数字に強い人とは、必要な数字に対する嗅覚が鋭く、鮮度や精度にもうるさい目利きなのかもしれません。

〈管理会計と財務会計〉

	管理会計	財務会計(制度会計ともいう)
目的	会社の存続、発展のため	株主などへの報告のため
性質	よりスピーディーに	より正確に
視点	複眼的(部門、製品、商品、地域など必要なだけ細かく多角的に)	単眼的(会社全体を見る)
方向	未来を向いている	過去を向いている
原価計算	直接原価計算	全部原価計算
期間	週単位、月単位、四半期単位など任意の期間	通常1年(事業年度)
形式	任意	所定の統一された形式

CHAPTER 2-03

セグメント会計(部門会計)の重要性

非上場企業でも経営改善に役立つ

上場企業の開示義務

「セグメント」のもともとの意味は、全体をいくつかに細分化したときの断片のことです。**会計の世界におけるセグメントとは、所在地、製品群、事業部などで分けられる単位**を指し、上場会社等については、そのセグメント情報の開示が義務づけられています。

ここではまず、企業会計審議会によるセグメント情報の定義(旧基準)について見ておきましょう。

「セグメント情報とは、売上高、売上総損益、営業損益、経常損益その他の財務情報を事業の種類別、親会社及び子会社の所在地別等の区分単位(セグメント)に分別したものをいう」とあり、「開示すべきセグメント情報は、(1)事業の種類別セグメント情報(製品系列別の情報)及び(2)親会社及び子会社の所在地別セグメント情報(国内・在外別の情報)並びに(3)海外売上高とする」とされています。

P59にトヨタ自動車の有価証券報告書からの抜粋を掲載しています。

どこで儲けが出ているのか

トヨタ自動車の場合は、事業別情報が「自動車」「金融」「その他（住宅の設計、製造および販売、情報通信事業等）」、所在地別情報が「日本」「北米」「欧州」「アジア」「その他（中南米、オセアニア、アフリカ、中近東）」に分けて表示されています。

つまり、投資家にとってセグメント情報は、この会社はどの事業で収益を上げているのか、どの地域のマーケットで売れていて、今後どう推移するのかといったことを判断する材料になるのです。

売上高、費用、利益といった財務諸表の数字を全社分一括で表示されただけでは、前年対比はできても、部門間や販売地域ごとの対比、それぞれの製品やエリアの傾向をつかむことはできません。ことに、トヨタ自動車のような巨大なグローバル企業は多様な事業をさまざまなエリアで展開しているため、株主（投資家）をはじめとするステークホルダーにこうした情報を提供することが求められているというわけです。

こうした説明をすると、「セグメント会計に関係があるのは、トヨタのような大きな会社や上場会社だけじゃないか」と思われるかもしれません。財務会計（制度会計）上の考え方からいえばたしかにそうなのですが、このセグメント会計の考え方は、非上場の会社が管理会計を行っていく上でも大いに役立つはずです。それは株主が分析するのと同様に、**経営的な視点で自社や自部門を分析する**ことにつながるからです。

経営の「見える化」を可能にする

たとえば、飲食店を5店舗運営している会社があるとします。

A店は買い物客の多いターミナル駅構内、B店はサラリーマンやOLで賑わうオフィス街、C店は大学や専門学校の集まる学生街、D店はドライバーがよく立ち寄る街道沿い、E店は郊外の閑静な住宅街の最寄り駅のそばに立地しているとしましょう。

売上については各々の店舗で集計されますが、本社で原材料を一括仕入れすることや、地代・家賃などの固定費が異なることなどから、店舗ごとの収益性を正確に対比することが容易ではないケースが少なくありません。

全社で前年比何パーセント増(減)という結果だけを見てもその原因は分析できませんし、単純に店舗ごとの売上を比較しても規模や客層が異なるため、あまり意味がありません。そこで、たとえば「客単価」という指標に注目してみます。客層が異なっているのですから、客単価も異なりますが、たとえば学生主体のC店の客単価が買い物客主体のA店より低いのなら、これを引き上げるためにどんな施策を打てばいいかという検討が必要です。若者向けメニューへの変更、リピーター増加の販促策などが考えられますが、こうした**店舗(セグメント)ごとの分析が経営の「見える化」につながり、はじめて経営改善が可能になる**のです。とても単純な例ですが、これもセグメント会計的な発想であり、現場のマネジャーや部課長も意識すべきものであるといえるでしょう。

〈トヨタ自動車のセグメント情報〉

・事業別セグメント情報

当連結会計年度（2016年3月31日現在あるいは同日に終了した1年間）　（単位:百万円）

		自動車	金融	その他	消去又は全社	連結
売上高	外部顧客への売上高	25,923,813	1,854,007	625,298	—	28,403,118
	セグメント間の内部売上高	53,603	42,217	552,089	△647,909	—
計		25,977,416	1,896,224	1,177,387	△647,909	28,103,118
営業費用		23,528,418	1,556,998	1,110,880	△647,149	25,549,147
営業利益		2,448,998	339,226	66,507	△760	2,853,971
総資産		15,621,757	21,709,010	1,917,148	8,179,682	47,427,597
持分法適用会社に対する投資		2,532,644	9,168	10,801	78,776	2,631,389
減価償却費		900,434	697,991	27,412	—	1,625,837
資本的支出		1,389,289	2,638,111	41,826	△10,010	4,059,216

・所在地別情報

当連結会計年度（2016年3月31日現在あるいは同日に終了した1年間）　（単位:百万円）

		日本	北米	欧州	アジア	その他	消去又は全社	連結
売上高	外部顧客への売上高	8,588,437	10,822,772	2,507,292	4,475,623	2,008,994	—	28,403,118
	所在地間の内部売上高	6,171,051	229,198	154,039	528,236	201,220	△7,283,744	—
計		14,759,488	11,051,970	2,661,331	5,003,859	2,210,214	△7,283,744	28,403,118
営業費用		13,081,966	10,523,151	2,588,915	4,554,670	2,101,305	△7,300,860	25,549,147
営業利益		1,677,522	528,819	72,416	449,189	108,909	17,116	2,853,971
総資産		14,291,434	16,622,979	2,612,210	4,415,700	2,579,113	6,906,161	47,427,597
長期性資産		3,210,376	4,958,989	309,657	869,989	391,406	—	9,740,417

（注）「その他」は、中南米、オセアニア、アフリカ、中近東からなります。
（出所）トヨタ自動車株式会社 2016年3月期有価証券報告書
表の形は実際の有価証券報告書とは異なります。

CHAPTER 2-04

予算管理におけるPDCA

現状把握から事業の未来を見通す

経営トップは将来を見据えている

予算を巡って、経営者と現場のマネジメント層の視点にやや違いがあるとすれば、経営者は将来を見据えたいとの思いが強く、現場ではいま起きていることを第一に考えている点です。立場が違えば当然のことですが、予算管理においては、そこを適時、擂り合わせていく必要があります。

経営者の思いはどんどん先に行き、現場では日々の問題だけに追われていると、しだいに両者の差が大きな歪みになってしまい、結果的に目標を達成できなくなる可能性が出てくるからです。

目標達成にはPDCAサイクル（P40）で月次予算を管理することが基本となります。予算の編成がP、業務の執行・経営活動がD、そしてCとAは「予算統制」のプロセスです。

大切なことは、PDCAサイクルをやり切ることですが、なかなかできていません。きれいにサイクルが回り切れないまま次の期へ突入してしまうこともあるのです。

どうしてPDCAが完結しないのか？

PDCAサイクルで、もっとも難しいのが「C、A」の予算統制の部分といわれています。計画し(P)、実行(D)することは、比較的スムーズにできている企業が多いと思います。

ところが、それがうまくいっているのに、なぜか目標を達成できない。未達が連続してしまう、とすればそれはPDCAサイクルをやり切れていない、きちんと完結させていないからと考えられます。

やり切るためにはCとAもしっかりやることです。Cで問題点は明確になっているはずですから、それを解決する行動(A)によって、目標を達成できなければおかしい。つまり、チェックして気づいたことがあるのに、それを解消する行動ができなかったから、未達となってしまうのです。

これは、PDCAサイクルのスケジュールづくりのところからムリが生じていることもあるでしょう。Cを正確にやりたいがために時間を掛けすぎてはいけません。また、Aでは①解決策を考える、②解決策の実行、の2つの段階があるので、このための十分な時間が与えられなければ、時間切れとなって未達で終わってしまうのです。**どこまでCを正確にやるか、そしてAをやり切るかは、リーダーシップによって大きく左右されます。**

目標達成につながる行動を重視して、現状を変えていかなければなりません。C、Aをやり切るクセを部門全体で身につけていく必要があるのです。

チェックから行動につなげる意識

チェックをして得た結果のうち、目標達成につながる行動はどれか。それを短時間に明確にすることが求められます。ここに時間をかけると行動し切れない、やり遂げられない、つまり目標未達のまま次のターム（月単位なら翌月）になってしまいます。しかもこの行動の時期が、来期の計画策定と重なりやすい。行動しながら将来を見据えた計画も考えなければならないのです。

このとき、**大切なことは責任の所在を明確にすること**です。予算はそれぞれに責任を持って行動することで達成可能な数字です。Cによって明らかになった未達部分は、責任逃れや、責任を曖昧にすることによってAにつながらず、予算未達が続いてしまう原因になることが多いのです。

「来月はがんばろう！」とモチベーションを高めることも大切ですが、同時に行動し切れなかった部分、または行動したのに目標達成につながらなかった部分については、それぞれの責任をしっかり認識しておかないと、翌期も同じことを繰り返してしまう可能性が高くなります。ますます目標達成から遠ざかる悪循環に陥ることもあります。

ＰＤＣＡサイクルは多くの社員が知っていて、意識しているはずですが、時間に流されて形骸化しやすく、行動を変えることにつながらないまま終わってしまうとすれば残念なことです。そこを食い止めるのが課長・部長のマネジメントの意識であり責任感なのです。

〈PDCAサイクル〉

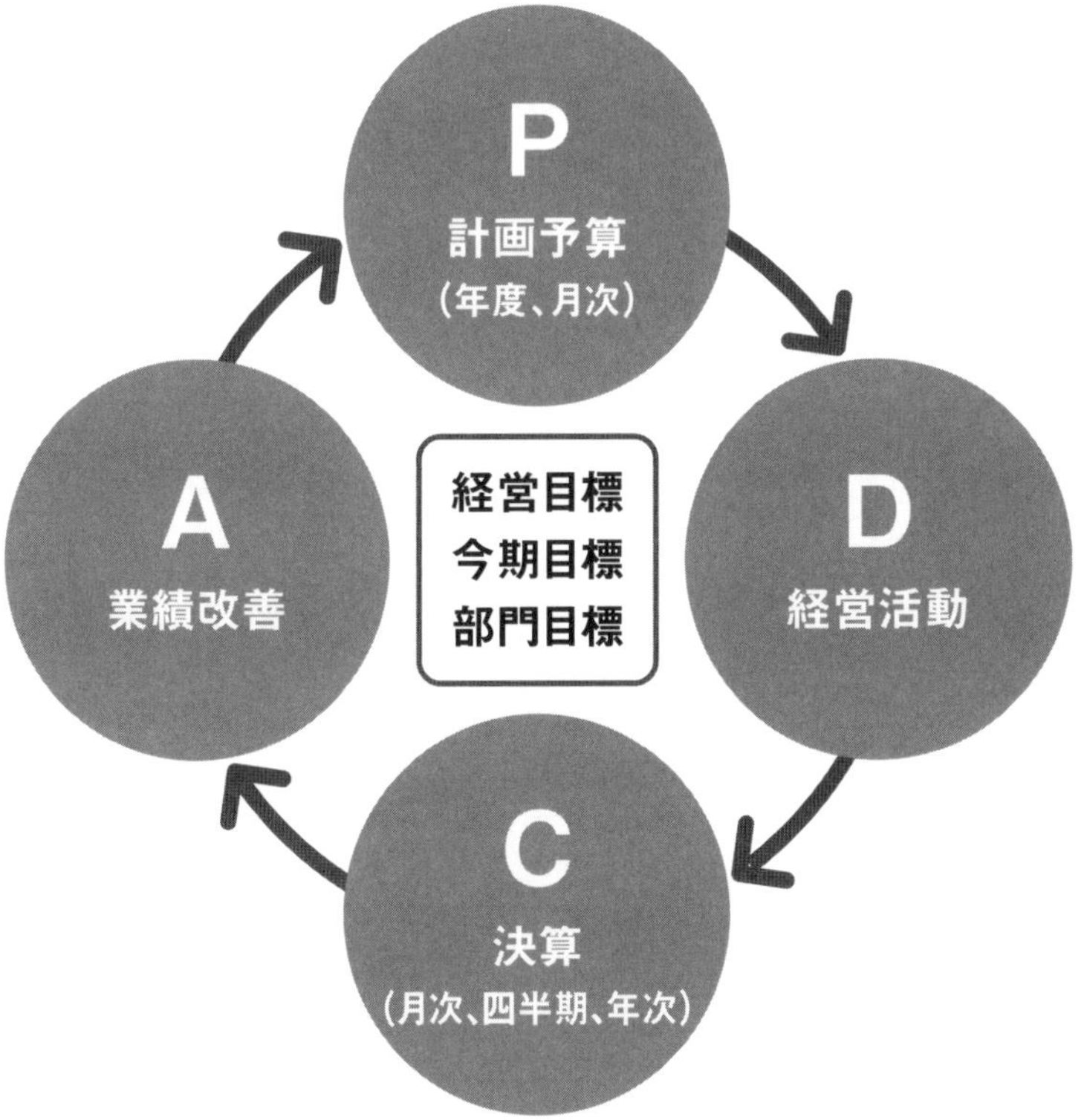

CHAPTER 2-05

受注は「機会費用」で判断する

犠牲になった利益とは

利益の陰で見えないコストが発生

たとえば、A社から100万円の受注があったとします。それをこなすために、70万円のコストがかかったとしましょう。利益は残りの30万円？　いえ、それだけではないのです。この受注の陰に、それを製造している間、引き受けることのできなかった仕事があったのではないでしょうか？

私たちは、「そんなことわかるわけがない」と見えない部分は見ようとしません。ですが、現実としては、**なにかの仕事をするとき、その間にできなかったことが発生している**のです。デートで遊園地を選択すれば、遊園地にいる間は、他の友人と食事するチャンスはなくなります。これをどう判断するのか。

それが、「機会費用」(Opportunity Cost)という考え方なのです。

ある利益を得るために、犠牲になった利益ともいえるでしょう。この犠牲になった利益は、実際に得られた利益に対してかかった費用として考えるのです。

〈機会費用〉

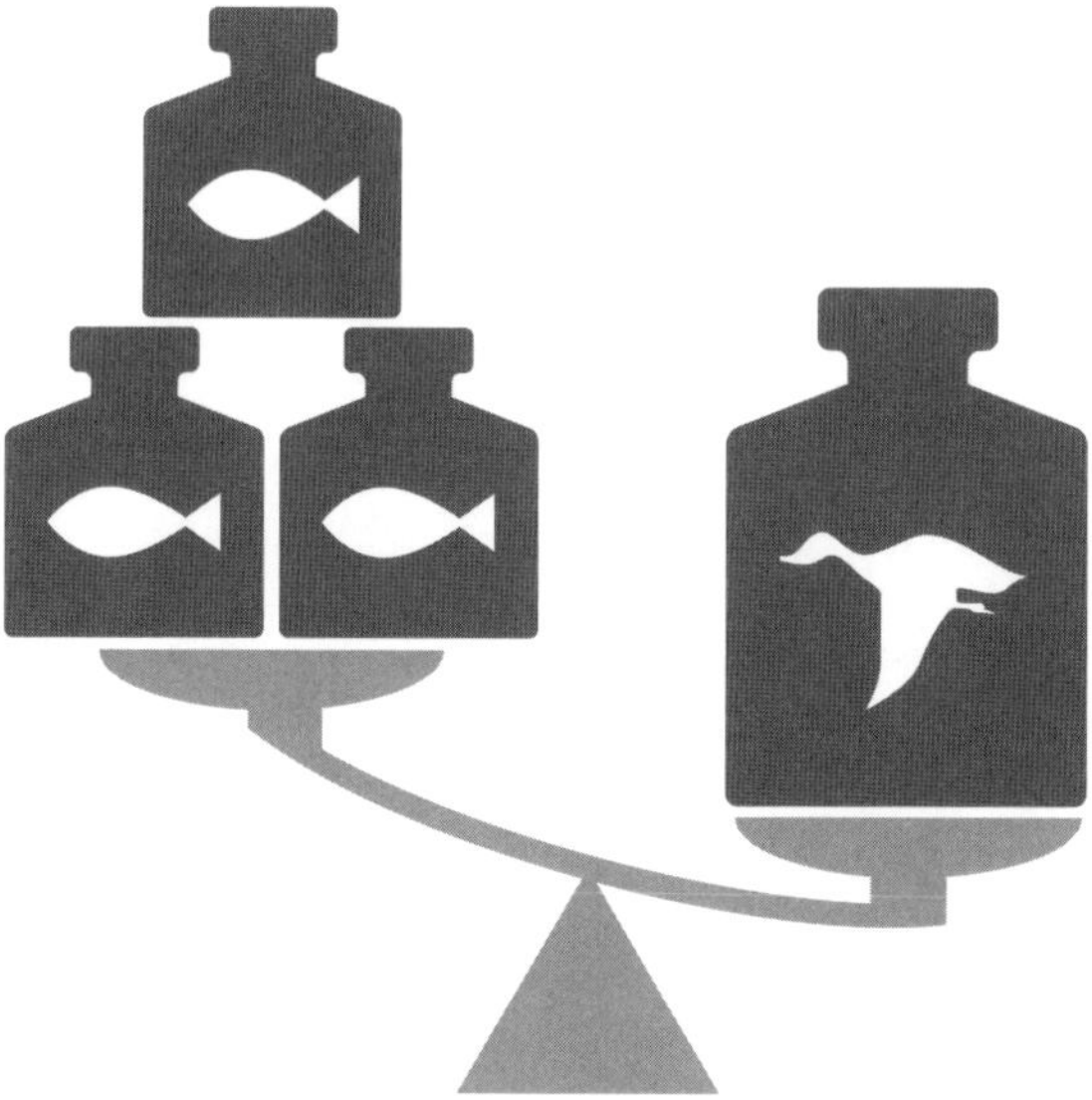

どっちを選ぶべきか、どちらが利益が大きいのか、どう判断するべきでしょうか。

1時間釣りをすると必ず魚を3匹獲得でき、1時間狩りをすると必ず1羽の鴨が捕れるAさん。今日は3時間しか仕事をできないとすれば、どのような配分にすればいいでしょうか。魚と鴨の価格を考えて、どちらか安い方を犠牲にして、高い価格に集中したほうが得です。

このように単純なモデルだとすぐわかるのに、ビジネスでは時にそれがわかりにくくなるため、犠牲になった利益(機会費用)を無視するような行動に出てしまうこともあるのです。

同時にできないことはコストになる

機会損失という言葉もあるので、違いを注意してください。機会損失とは販売の機会を失う（たとえば在庫が切れているなど）ことで、本来は得られたであろう利益を得られなかった、ということです。

機会費用は、利益は得られていますが、その陰に、実は別の利益を得られた可能性があったかもしれないということを費用として意識するものです。難しく言うと、持っている**生産資源をほかのことに使ったときに得られる最大利益と、現在の利益を比べる**ことです。

前記の例でいえば、70万円のコスト部分。これをわかりやすく製造装置のコストとしましょう。このマシンを動かせば、70万円かかるけど100万円の売上になるのです。

ですから、黙ってその仕事のためにマシンを使い続けるわけですが、「まてよ」と考えます。もしこのマシンを別の用途に使ったらもっと儲かるのではないか？　たとえば120万円の仕事にも対応できるのではないか？　そう考えるとこれまで30万円の利益でハッピーだった気分が、むしろ50万円の利益を得るチャンスを逃していたことになります。50万円の利益を捨てて30万円の利益を得ていたので、差し引き20万円の損ということになります。それがわかれば、経営としてはたとえば10万円かけて宣伝をしてでも120万円の仕事を得るように努力すべきではないか。そう考えていいはずです。

CHAPTER 3

知っておきたい
経営の数字

CHAPTER 3-01

営業は給料の3倍売れは本当か？

間接経費もみれば妥当

営業マンの給料と売上の関係は？

営業マン同士の会話。

後輩営業マン「〇〇先輩、きょうも内勤ですか。なんだか最近はずいぶんと余裕ですね」

先輩営業マン「そうなんだよ。じつは先日の月はじめ早々に、大口の受注が決まってさ。もう、おれの給料の倍は売り上げたんだよ。だから、いまは自主的にお休みにしたんだ」

後輩営業マン「うらやましいな。ぼくは毎日、暇なしですよ」

営業マンで、よく見かけるのが「おれは毎月何百万も売っているのに、給料はたった30万円だ。会社って儲け過ぎなんだよ」といった不満の台詞です。しかしちょっと待ってください。これは正しい認識でしょうか。

仮にこの会社で販売している商品の粗利が20％だとします。500万円を売上ても粗利は100万円です。そこから30万円の給料が支払われたわけです。残りが70万円ですが、はたして、それはすべて会社の儲けでしょうか？　そうではありません。一般に**人ひとりを雇**

うと給料と同額（ケースによっては2倍）の経費が別にかかるといわれています。「5倍を目標粗利（売上総利益）にしろ」という言い方をする場合もあります。「え？　人ひとりを雇ったために、そんなに経費がかかるわけ？」といぶかる向きもあるでしょう。

既にできあがった組織でみていると、経費は案外わからないものなので、ここでは、新たに営業所を開設する例で考えましょう。３名の営業マン（所長含む）と1名の事務員の計４名で新設してスタートしたらどうなるでしょう（P71）。

東京で10坪程度の事務所を開設するとして家賃が30万円はかかります。他に借りる時点では、敷金等も必要でしょう。

営業所内には必ずパーティション、机、椅子、パソコン、コピー機などの什器設備が必要で、これをリース料換算にして月額10万円としておきます。他に電話、パソコン、コピー、通信費などの使用量で月額10万円。人件費は、所長の給料が50万円、営業マン２名と事務員は各々一人30万円として合計１４０万円とします。

しかし、実は、これだけが人件費ではありません。仮に年間賞与を４カ月分出すなら、４名の給与４カ月分（５６０万円）を12で割った額（約47万円）を給与に（引当額として）上乗せしなければなりません。

他に通勤定期代も会社の負担です。東京では遠距離通勤も多く、一人月額で1万５０００円くらいはみないといけないでしょう。

単純計算でも給料の2倍に

また社員は会社から社会保険料を控除されていますが、これはその約半額にすぎず、残りは会社が負担しています。ほかにも退職金の積立額やレクリエーションの費用などがかかってきますが、ここではとりあえず除外しておきましょう。

これらを集計した営業マン1名当たりの増加費用は、約54万円になっており、ほぼ給料の倍であることがわかります(図)。つまり給与と同額の費用が発生していることになります。

ところが、これだけでは営業活動はできません。名刺も持たずに営業に行けるでしょうか。アポイント先へどういう手段を使って行くにせよ交通費がかかります。商談する際に使う資料や商品カタログも必要です。営業所を開設したぶん、そういった費用が増えていきます。また4名の社員の給与の計算は、どこで行うでしょうか。ふつうは本社の経理部門が担います。当然、4名の増加に伴う作業が増えます。同時に営業所ごとの予算管理として部門別の損益などを集計して出す作業もでてきます。当然ですが経理の仕事が増えるだけではありません。人事担当部門他の仕事も増えていきます。

このように、営業マン1名の追加は、なんらかの形で、各種の間接的な経費を増やすものであり、目に見えにくいコストまで含めてみれば**「営業は給料の3倍は売らないといけない」**という表現が妥当になってくるのです。

〈新たに営業所を開設した際の費用の例〉

種類	費用 単位:円
営業所長の給料	500,000
営業マン2、事務員1の給料（各30万円）	900,000
営業所家賃	300,000
什器設備（リース料換算）	100,000
通勤交通費	60,000
賞与引き当て額	470,000
社会保険料（負担分）	180,000
*退職金の積み立て、福利厚生費用は除外	
合計	2,510,000

給料30万円の営業マンの1人当たりの負担費用

251万円×$\left(\frac{30}{140}\right)$	537,857

営業1人当たりの増加費用は約54万円かかる

CHAPTER 3-02

卸業の損益計算書から見る営業のコスト

営業会社は3倍ではきかない

粗利益率が低い企業では、売上は給料の36倍

前項の経費の積み上げ計算ではなく、会社全体の損益計算書から、営業マンの人件費コストを見てみます。ここでは実際にある大手医薬品卸売業の損益計算書を使ってみます。売上＝1兆6658億円、粗利益率は8・3％で、売上総利益は1378億円。給与・賞与は568億円。法定福利費などを加えた人件費は840億円です。営業マンが、病院や薬局を日々巡回して薬品の注文をとるという営業主体の会社ですから、人件費の7～8割が営業部門に属する人の給与にかかわっています。

したがって、高くない粗利を積み上げて獲得した売上総利益の6～7割近くを営業マンのコストに充てていることになります。売上対比でみれば、給料の36倍になります。逆の見方をすると、それだけの営業マンのコストを払ったからこそ人件費の36倍＝1兆6658億円を稼ぎだしたともいえます。こうした**利の薄い業界では、給与の2～3倍の粗利を稼ぎ30倍以上の売上を上げないといけない**のです。

〈営業のコストは大きい〉

大手卸業の損益計算書で営業コストを見ると

会社の総売上高 ÷ 営業マンの人件費

（1兆6658億円）

（568億円×80%）

＊営業マンの比率を80%とする

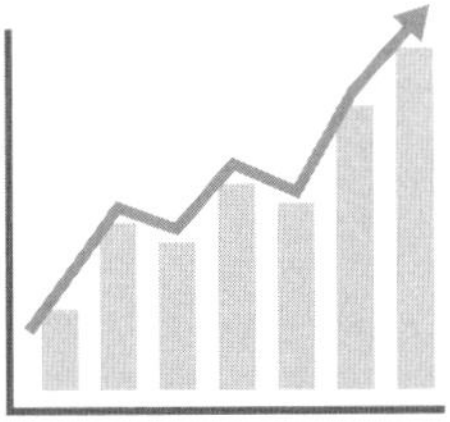

＝ 36.65

粗利益率の低い業界（営業が主体の会社）では、給与（年収）の36倍を売ることが必要となる

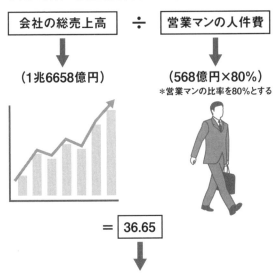

CHAPTER 3-03

ただ売ればいいわけではない

売上と利益の関係

売上重視が招く失敗

家電量販店の2名の店員、A氏とB氏の売り方の違いから、売上と利益について見てみます。A氏の方は、単価は高いけれども粗利の薄いパソコン本体の売り場を担当し、B氏は主にプリンタ、スキャナ、ソフトなどの周辺機器の売り場でがんばっています。

パソコンの平均価格は15万円、粗利率は2％、周辺機器の平均価格は3万円、粗利率は10％とします。2名は1カ月間働いて、A氏は150人にパソコンを販売し、2250万円を売り上げました。B氏の方は250人に周辺機器を売り750万円でした。

さて、後に月例報告会があり、どちらが社長に褒められたでしょう。売上重視の会社ならA氏と言いそうですが、実はB氏だったのです。その理由は、P77の図の損益表にある通りです。仮にA氏の給料が40万円だとしたら、氏の売上総利益は、法定福利費も加えた自分の人件費程度しか稼いでいなかったことがわかります。一方のB氏は75万円で、給与に加えて会社の販売費相当額までも稼いだといえるでしょう。

利益をとる売り方

その報告会での結果をふまえて、A氏はこういいました。「わかりました。それでは、来月はもっと増やして300人への販売を目標にし、会社に貢献するよう頑張ります」。ところが、社長はこう答えたのです。

「君、そんなに本体ばかりを売らなくてもいいから、写真を加工するソフトなど付属品を勧めてみなさい」。これはいわばクロスセルの発想です。クロスセルとは、紳士服店で、シャツを買いにきたお客に、ネクタイもいかがですかと勧めるやり方です(P175)。

この方法を勧められたA氏は、翌月にさっそく方針を変えてチャレンジ。本体の販売は120人に留めたものの、150個の周辺機器やソフトを販売しました。図からわかるように、A氏のトータルの売上は前月と同じですが、周辺機器の販売で粗利が増えて、前月の倍以上の81万円の利益を稼ぎ、売上、利益ともB氏を抜くことができたのです。

粗利の達成が重要と言いつつ、営業の世界では売上重視になりがちです。売上高は、目標としてわかりやすいので、会社もそういう管理をしてしまう。そのために粗利を犠牲にした値引きやキャンペーンなどの施策で、売上高を追うことになるのです。

ただ売上高だけを追いすぎると、購入する意思のない顧客に無理に納品して返品になったり、ともすれば業績不振で与信枠のない会社にまで販売して後で貸し倒れ損失を計上する結果を招き、利益を食いつぶす可能性もでてくることに注意が必要です。

いまも売上高重視が王道

かつて日本能率協会コンサルティング営業生産性研究会の調査の中で「貴事業で把握している営業生産性指標はどのようなものか」という質問項目がありました。回答結果を見れば1位は「営業担当者1人当たりの売上高」で、42社中の29社(複数回答)と**過半数の会社で、「営業マンの売上を重視している」**とありました。すなわち「1人当たりの売上高が増えれば、営業生産性は高まった」と判断していることになります。これでは前の例のように、値段の張るパソコンを一生懸命売っているけれど、自分の給料程度の利益を出すのがやっとだったA氏の行動を会社も評価し満足してしまうことになります。

A氏に「そんなにパソコン本体を売らなくていい。周辺機器を勧めてごらん」といった社長のような会社、すなわち「営業担当者1人当たり売上総利益」を指標にしていると答えた会社は13社(2位)。3位は「営業部門人員1人当たり売上高」(9社)で、ベースに事務の人員をいれていますが、売上高で判断していることにかわりはありません。3位を含めると、38社、全体の90%が売上高を重点指標にしており、評価の王者として君臨しています。しかし見てきた通り、これは問題のある指標なのです。

「営業担当者1人当たり付加価値高」と答えた企業は3社にすぎません。付加価値高というのは一般的に「営業利益+人件費+減価償却費」(賃借料を加える場合もある)で求められる概念です。これは売上総利益を指標とするのに近い発想です。

〈売上が同じでも利益が伸びる例〉

当月の損益表

単位:万円、構成比は%

	A氏	構成比	B氏	構成比	合計
売上高	2250	100	750	100	3000
売上原価	2205	98	675	90	2880
売上総利益	45	2	75	10	120

翌月の損益表

	A氏		A氏計	構成比	B氏	構成比	合計
	パソコン	周辺機器					
売上高	1800	450	2250	100	750	100	3000
売上原価	1764	405	2169	96.4	675	90	2844
売上総利益	36	45	81	3.6	75	10	156

店全体とB氏の売上は、当月も次月も同じだが、A氏の売上総利益が伸びて、B氏を超え、その結果、店の売上総利益も伸長した

CHAPTER 3-04

付加価値高の発想で営業を見る

指標は1つではない

会計の知識を持てば詳細に判断できる

前項で紹介した付加価値高で、自動車販売を例に営業活動を見てみましょう。自動車販売では、一般向けにはショールームで展示して販売をします。一方、業務用（タクシーなど）の販売では、相手に知識もありショールームは不要です。営業マンの営業活動が中心で、まとめ買いにより値段を下げて対応します（図）。

一般向け販売は、ショールームに1人は常駐し、訪問をして売るスタイルもとるので4名を必要とします。その人件費は月間200万円。ショールーム賃貸料が100万円。対して業務用販売は、営業マン1人の対応で、事務用のスペースも10分の1とします。その結果は？　図の通りで、売上高は業務用が優位。売上総利益では一般向けが優位で、営業利益では業務用が優位。付加価値高の概念をいれると一般向けが優位です。なにを指標にするかで営業活動の優劣が変わります。営業がどう貢献したかの判断は、会計の知識を駆使することでより詳細な見方ができるようになるのです。

〈販売会社の販路別損益計算書〉

単位:万円

	一般向け	業務用	合計
台数	15台	25台	40台
売上高	3000	4500 (優位)	7500
売上原価	2550	4250	6800
売上総利益	450 (優位)	250	700
人件費	200	60	260
賃借料	100	10	110
その他	50	20	70
営業利益	100	160 (優位)	260
付加価値高	400 (優位)	230	630

(一般向け価格200万円、業務用価格180万円、仕入れ価格は170万円)

CHAPTER 3-05

値段を下げて利益は増えるか？

客単価を考える

値段を下げて数を増やす

今度は売上と利益の関係を、飲食店を例にして考えてみましょう。

まず人通りは多くない地域にあるものの、お昼はいつも満員になるA店の例です。お昼に満員とはいえ、その後にはたいしてお客は入りません。ランチ時が売りの店です。メニューは2種類の定食800円（原価は300円）。コーヒーなどのドリンクは別注文で400円（原価50円）とします。

こうした業態では値段を下げてもお客が増えることは期待できないでしょう。したがって売上アップには、来てくれるお客の満足度を高めるとともに、**少しでも支払いを多くしてもらうことが利益を増やす方策**となります。

ランチをコーヒー付きにして値上げするとか、ランチを注文した人にはコーヒーは150円のサービス料金にするといった方策が考えられます。もしお客の半数が、150円のコーヒーを頼んだ場合のお店の損益は、P83の図のように変化します。

客単価と予想客数で売上予算を考える

新サービスの開始前に400円でコーヒーを頼んでいたお客2名のぶんは値下げになってしまいますが、その代わりに新たに13人が、前より安いサービスのコーヒーも頼むようになり、導入後のコーヒー売上(2250円)、利益(1500円)とも増えました。この戦略は「値下げ」ですが、その一方でお客の客単価を引き上げるために成功しているのです。

客単価は、売上高÷客数で算出します。

導入前が2万4800円÷30＝827円

導入後は2万6250円÷30＝875円

導入後は、1人当たり約5・8％増(48円増)になっています。

このように客単価は売上高を元に算出される概念ですが、経営計画(予算)や販売戦略を考えるときには、過去のデータから得られた「客単価」を基準にして予想客数を乗じて売上予算を算出するのがふつうです。

たとえば「新サービス導入の値上げによる客単価は、5％くらい増えて875円になる。客数は変化しないなら、売上はそのまま5％増えると予想できる」。「客単価が5％増えるものの、客数は2％くらい減少することが予想するなら売上は、1・05×0・98＝1・029となり、つまり2・9％の増加と見込むのが妥当だろう」という具合です。

座席の回転を速める

次に繁華街の飲食店B店を見てみます。人通りが多く、12時15分には店は満員、12時30分になると来店を断っているほどです。しかし繁華街だけに、家賃も高く経営は厳しい状況でした。ここではランチにコーヒー付きで９００円となっていました。ここでの戦略は前とは逆に「値段を上げる」ことです。９００円を１０００円に上げても、客数は減らないと予想できます。なぜなら満員で断る客が出ているためピーク時が12時15分ではなく、25分から30分と遅くなるだけで、結果的には断るお客が減少し顧客満足につながるのです。

客数の多い繁華街では、これとは逆の戦略も考えられます。ランチを８５０円に値下げしてコーヒーを外すのです。コーヒーがないぶん、お客は前より早めに席を立つことになります。するといままでは12時15分を過ぎると諦めていたお客が、「数分待ちくらいなら我慢しよう……」とくる可能性がでてきます。この戦略により、たとえば従来の１・５回転すなわち45人が入れるようになるとするとどうでしょうか。図のように売上は３万８２５０円、粗利益は２万４７５０円となり、１０００円に値上げした時（各々、３万円、１万９５００円）よりも多くの利益を稼ぐことができます。

ここでのポイントは、座席数が売上のボトルネックになっていたことです。**問題の解決策はお客が座る座席の「使用時間を減らす」こと**にあったといえるでしょう。一定時間に１人以上のお客を座らせる方法を考えると売上アップが可能になるのです。

〈価格の変動と利益〉

〈A店〉

150円のランチコーヒーがもたらす効果をシミュレーションすると— 単位:円

当初(ランチ800円、別注文コーヒー400円)					
	ランチ客数	ランチ売上	コーヒー客数	コーヒー売上	実績
売上高	30	24,000	2	800	24,800
売上原価	30	9,000	2	100	9,100
粗利益	30	15,000	2	700	15,700

導入後(ランチ800円、サービスコーヒー150円)					
	ランチ客数	ランチ売上	コーヒー客数	コーヒー売上	実績
売上高	30	24,000	15	2,250	26,250
売上原価	30	9,000	15	750	9,750
粗利益	30	15,000	15	1,500	16,500

〈B店〉

繁華街の飲食店で「値上げ」した場合

(コーヒー付きランチメニュー900円)→(1000円に値上げ)

	当初客数	当初実績	値上げ後客数	値上げ後実績
売上高	30	27,000	30	30,000
売上原価	30	10,500	30	10,500
粗利益	30	16,500	30	19,500

繁華街の飲食店で「回転率」を上げた場合

(コーヒー付きランチメニュー900円)→(コーヒーを外して850円に)

	当初客数	当初実績	変更後客数	変更後実績
売上高	30	27,000	45	38,250
売上原価	30	10,500	45	13,500
粗利益	30	16,500	45	24,750

CHAPTER 3-06

シミュレーションと会計

需要は予測するしかない

会計的に戦略を構築する

前項で見たように飲食店で利益を上げる戦略は、立地条件によって①粗利益を下げながら客単価を上げる、②値上げにより利益を増やす、③値下げをしても回転数を上げて利益が増える、といった方法がとれることがわかりました。

その戦略は、なにが売上・利益のボトルネックなのかを把握しそれを解消するように立てることが問題解決につながります。ボトルネックは、来店数なのか座席数なのか。来店数にしても人通りの量なのか、店のメニューなのか、告知の仕方なのかといった具合です。どうすれば客単価が上がるのか、座席は何回転しているかなどを**シミュレーションして、会計的に整理してみることは、予算管理をする上でも重要**です。顧客の行動（需要）は、過去の実績等からシミュレーションするしかありません。経済学の教科書に出てくる需要曲線はあらかじめ与えてはくれないのです。会計的な発想は過去の実績集計だけでなく、未来の戦略構築においても重要になってくるのです。

〈飲食店経営のシミュレーションの例〉

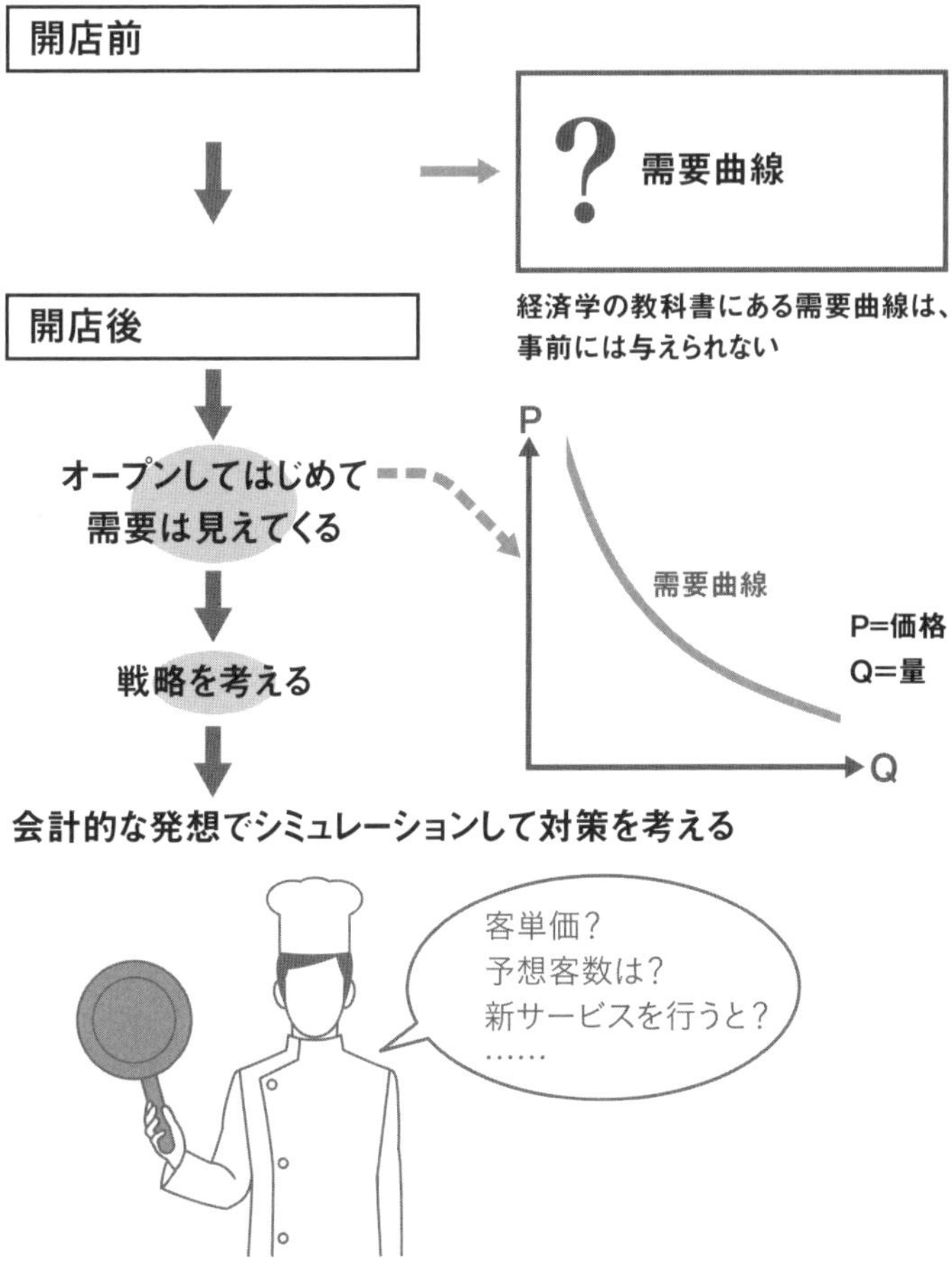

CHAPTER 3-07

知っておきたい経営指標「総資産回転率」

少ない投資で高い売上を

経営指標で押さえておきたいものは？

K君「うちの会社って、どうなんだろうね」

D君「まあまあってところじゃないの。ボーナスも悪くないし」

F君「給料やボーナスで比較をしているようじゃ、マネジメントの発想がないって笑われるぞ」

K君「じゃ、どうやればいいんだよ。社長に聞くか？　『うちはどうなんですか？』って」

F君「それも悪いアイデアじゃないけど、その前にやっておくべきことがあるだろう。つまり経営分析だよ。財務の資料を見ておかなければ、経営者とまともな話はできないからね」

D君「たとえば？」

F君「そうだな。当期利益率。自己資本利益率。うちの場合は株主資本利益率だな。自己資本比率も重要だ。総資本利益率、総資産回転率は他社と比較しやすいと思う。他にもまだあるぞ。売上高伸び率、1株当たり当期利益、流動比率、在庫回転期間……」

経営指標を押さえておこう

財務分析は自分たちには関係ない、と言ってしまえばそれまでですが、他社と比較するときや、ライバル会社を研究するとき、また買収先を考えるときなどにも応用が利くので、いくつかの経営指標を覚えておくと役立つこともあります。

たとえば、ROA。Return On Assetのことで、「総資本利益率」と呼ばれています。これは投資判断にも使われる重要指標です。その**会社の総資本がどれだけの利益を叩き出しているのか**を見るのです。これがもし少ないとすれば、資本の中身を見ていくことになります。総資本とは、貸借対照表の資本の部と負債の部をあわせた数字ですから、もしかすると利益を生み出さない資本が大きくなっているのではないか、と考えるのです。負債が設備投資のために使われているのか。それとも別の借金を返済するための新たな借り入れなのか。また儲かっていない事業に大きなお金が使われていて(古い設備を維持しているなど)、利益を上げている部門への投資が少ないかもしれません。

ROAの大きな会社は、東証一部上場企業でも30%以上はほとんどなく、15%以上で50社ほどです。5%以上20%以下なら500社以上あります。

似ている指標にROEがあります。Return On Equityのことです。株主資本利益率と呼ばれ、貸借対照表から得られる株主資本(自己資本)に対してどれだけの利益を上げているか、という指標です。これも収益につながる投資をしているのかを判断する材料となります。

総資産回転率はなぜ重要か？

総資産回転率は、投資ではあまり使いませんが、経営分析では重要な指標となっています。Total Assets Turnoverとも呼ばれており、回転数（1回転、2回転……）で表します。これが高ければ高いほど、資産が効率よく売上高を生み出していることがわかります。単純に考えると、100万円で購入した機械で、年間に100万円の売上高を上げたら、それで1回転。しかし、40万円の機械で年間100万円を売り上げれば、2・5回転になります。手元に100万円あるなら40万円の機械を2台導入したほうがいい、ということになります。

このように企業は経営を継続していくためには、他社と競争しながらより多くの利益を出して将来の変化に対応できる力を持っていくことだとするのなら、**総資産回転率の低い企業は脱落していく可能性が出てくる**と考えてもおかしくはありません。他社と比較するときには、この回転数の差を必ず見ておきたいものです。ただし他業種と比較するときは資産の中身に注意してください。固定資産に頼らずに収益を上げるタイプのビジネスはこの回転率は高くなるでしょう。また回転率が同じぐらいでも、売上高の伸び以上に総資産が増えている企業は借り入れが増大している可能性があるので、回転率がいいからといって経営状態がいいとは限らないのです。

このように、主要な指標を武器にして自社や他社の状況を把握していくことができます。

〈知っておきたい主な経営指標〉

安定性	流動比率	**流動資産÷流動負債×100** 数字が大きいほどいい。100%以下は資金がショートしている。
安定性	自己資本比率	**自己資本÷総資本×100** 数字が大きいほどいい。融資が多いと金利負担が厳しくなる。株主への配当は無配も可。
安定性	固定長期適合率	**固定資産÷(固定負債+自己資本)×100** 数字が小さいほどいい。できるだけ固定資産は自己資本で賄っておきたい。
収益性	総資本利益率(ROA)	**当期利益÷総資本×100** 数字が大きいほどいい。会社の総資本でいくら利益を得たか(税引き後)。
収益性	総資産回転率	**売上高÷総資産** 数字が大きいほどいい。資産の何倍売り上げているか。
成長性	売上高増加率	**(当期売上高−前期売上高)÷前期売上高×100** 数字が大きいほどいい。ただし総資産も同様に増加している場合は負債増に注意。
成長性	経常利益増加率	**(当期経常利益−前期経常利益)÷前期経常利益×100** 数字が大きいほどいい。成長性を考える材料となる。

CHAPTER 3-08

労働分配率と労働生産性、労働装備率

付加価値の中の人件費割合・働き具合・機械化具合がわかる

自分たちはどれだけ役立っているのか？

A君「もっと給料を上げてほしいよなぁ」

B君「確かに。ライバルの会社に比べるとボーナスも少し低いかも」

A君「まあ、もっと働け、成果を出せってことなんでしょうけど」

B君「そうだね。あんまり言うと、おれたちの仕事、ＡＩ（人工知能）に置き換えられちゃうかもしれないぞ」

A君「そっか。これまでロボットって工場とかの設備ってイメージだったけど、今後はそうとは限らないわけだよね」

B君「機械に負けるな、だね」

A君「しかし、おれたち、ホントにちゃんと会社に貢献できているのかな。給料だけじゃそこがいまいちよくわからないもの」

B君「そのあたりは、きちんと経営指標で見たほうがいいかもしれないね」

〈労働分配率の改定状況〉

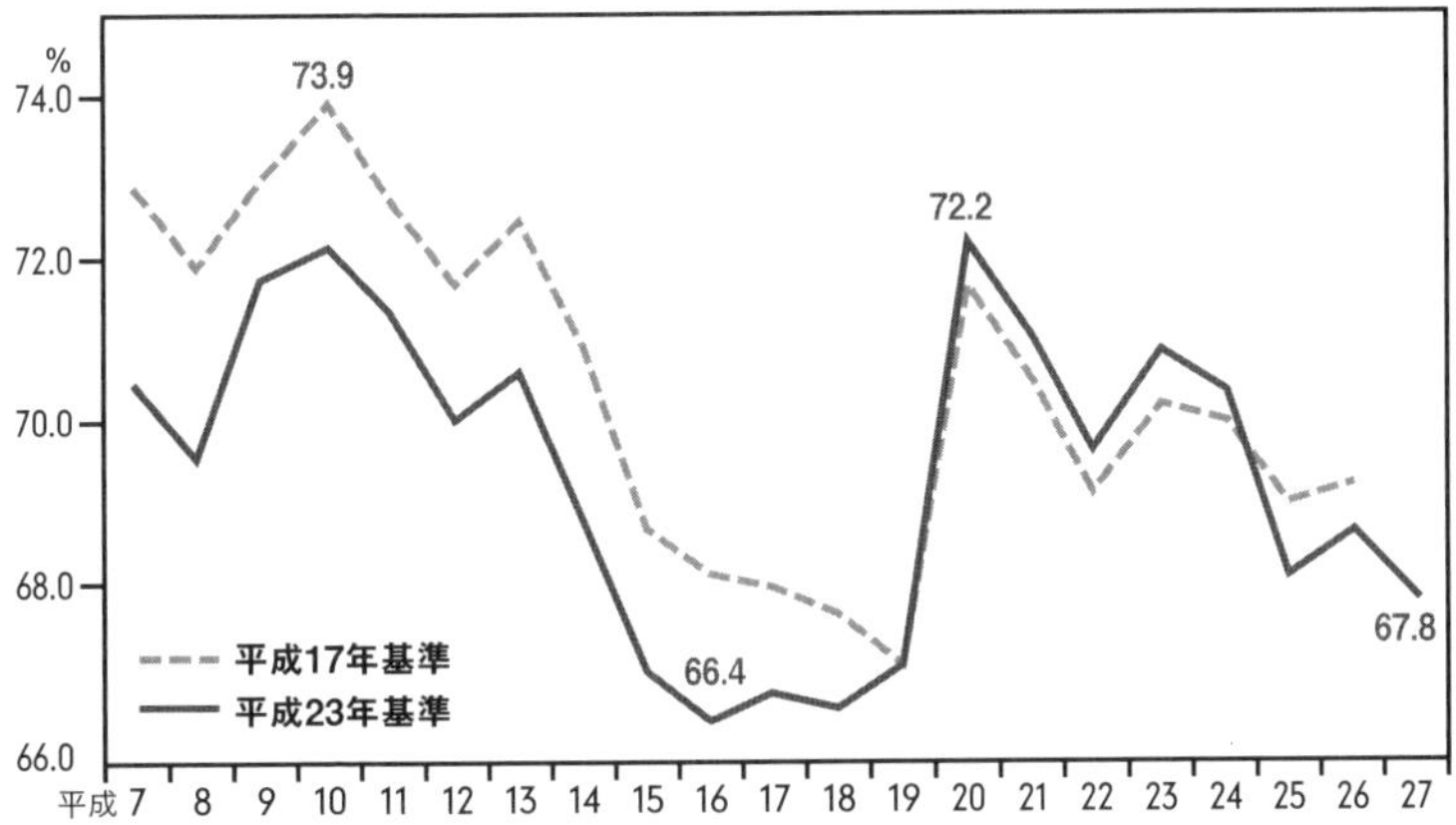

内閣府の出している労働分配率は雇用者報酬÷国民所得によって算出(そのほか数種類の算出方法がある)。厳密に言えば、所得の概念による労働分配率と、生産の概念による労働分配率は異なっている。また、日本では雇用者比率が高いために、雇用者比率の低い国と比べると労働分配率は高めに出やすいとされている。さらに業界によっても大きな違いがある。たとえば、建設業、医療などは全産業平均より高く推移しており、情報通信業、不動産業は低く推移している。

付加価値をどれだけ生み出しているか?

労働分配率は、国民の統計としての数値と企業単位の数値では異なっています。国の統計として全体を見るときでも、数種類の算出方法があります。企業の場合は、人件費を付加価値で割ったものだ、と考えるのが基本です。

付加価値というのは、その企業が加えた価値のことです。仕入れてきた部品で製品を組み立てる、といったときには、その組み立てが付加価値になります。計算としては、これもいくつかあり、よく知られているのは中小企業庁方式と日銀方式でしょう。このほか、経済産業省、財務省なども独自の算式を使っています。

企業として労働分配率を見るときには、この付加価値と人件費の関係を見ていくことになります。付加価値が低い場合は、労働分配率が高くなり、それだけ会社の収益が減ります。人件費は状況に応じて簡単に上下できないので、会社は人件費以上の付加価値を得られるように努力しなければなりません。そのためになにをすればいいのかを考えるのが経営戦略です。もっとも他社との比較などで、労働分配率の高い、低いで単純に企業の良し悪しは決められません。業種によっても違いがあるからです。また、労働分配率の高い企業の給与が高い、とは言えないことにも気をつけてください。分配率が低くても給与水準が他業界より高い例はあります。

人件費は簡単に動かせない以上、経営的な手腕をどこに発揮するかが問われるのです。

〈労働分配率 付加価値 労働生産性 労働装備率〉

労働分配率の計算 **労働分配率＝人件費÷付加価値額**
付加価値の計算 **●中小企業庁方式** **付加価値＝売上高－外部購入価値** 外部購入価値＝材料費、購入部品費、運送費、外注加工費など **●日銀方式** **付加価値＝経常利益＋人件費＋金融費用（支払利息）＋租税公課＋減価償却費＋賃借料**
労働生産性の計算 **労働生産性＝付加価値÷社員の平均人数** 付加価値を限界利益または粗利益とすることもある。社員の平均人数は直近2期分の平均とすることもある。
労働装備率の計算 **労働装備率＝有形固定資産÷従業員数** 有形固定資産から建設仮勘定を除いて2期平均とすることもある。有形固定資産の多くが土地の場合は土地を除いたほうがわかりやすい。社員の平均人数は直近2期分の平均とすることもある。

労働装備率でスリムな企業を目指す

人に頼るタイプの事業もあれば、必ずしも人ありきではないタイプの事業もあります。知的集約性の高いベンチャー企業では、人数よりも優秀な頭脳にどれだけ参加してもらうかが重要になり、そのための人件費は重要な投資となります。単純に人件費として計上するだけではなく、ストックオプションなどを付けていくことになります。

一方、労働集約型の産業もあります。カウンセリングはどうしても人と人、顧客1人にカウンセラー1人の対応が必要となってきます。将来はＡＩ（人工知能）が対応するかもしれませんが、それでも人のふれ合いを求めるタイプの産業では人が第一になっていきます。

労働装備率は、従業員1人当たりの設備投資金額（有形固定資産）を算出するものです。いわば合理化の指標ともいえます。有形固定資産といっても土地や建物は除いたほうがわかりやすいでしょう。従業員と機械化のバランスを見る指標となります。とくに、生産力を比べるときに、同業他社と比較するのに有効です。他業種とは条件が異なりすぎてあまり役に立たないかもしれません。

同業他社で比較対象が少ない場合、他業種でも似たタイプの企業を探し出すことも経営戦略を考える上では役に立つことがあります。同業者は同じ問題を解決できずにいるかもしれません。他業種の企業はまったく違うアプローチで解決しているかもしれないのです。

CHAPTER 4

経営戦略と経営計画

経営戦略と中期経営計画の関係

具体的施策を盛り込む

どう具体的に示せるか?

A課長「さっき出た新3カ年アクションプランは読みました?」

B課長「いや、すこし見ただけ。でもあれって経営理念とか、製品開発の話ばかりで、われわれ現場には関係ないしね」

A課長「そうですね。なんだか具体策が乏しいですね」

B課長「われわれは、それにどう書いてあろうと、現場で頑張るしかないんだ」

予算(年度計画)の元になるのが全社戦略としての中期経営計画です(P36)。その策定のベースになるのが経営戦略です。大きな会社では全社戦略と事業戦略に分かれます。**中期経営計画は全社戦略を体現したもの**になります。

そうはいっても会計的な思考に乏しい企業では、中期経営計画の中身が、企業理念や製品開発の説明などに終始して、それらを踏まえてなにをしたいのか、すなわち具体的な施策がみえないものもあります。これでは絵に描いた餅になってしまい、意味をもたないのです。

中期経営計画の必須事項とは

中期経営計画に必要なものは、次のようになります。

1　過去の業績の振り返り

決算がどう推移し過去の計画を達成できたかどうかを確認します。未達の場合は原因を分析し、課題を特定する。課題が分からないままでは、将来像を描けないものです。また、将来のことは理解できない社員でも、過去の実際に起きたこととそこから導きだされた課題については認識できるはずです。この土台の上に将来を見ていくのです。

2　新中期3か年計画

過去の課題を特定した上で、今後3カ年の計画を立案。最初に経営理念や経営目標を明確にします。次に経営戦略について詳しく書きます。なかでも事業ポートフォリオの考え方を明らかにします。どの事業領域で利益を得るか。想定される投資額とその将来性を伝え、そして事業戦略の骨子を示すとともに、事業の評価指標を明確にするのです。

3　到達目標

3年後に到達すべき数値目標を示します。経営者は、その達成について対外的にもコミットし経営計画は完結します。

この1から3がしっかりコミットしたストーリーになっていない計画は、読む者に具体的なイメージを与えることができず、総花的で「ぴんとこない」ものになってしまうのです。

事業ポートフォリオの重要性

中期経営計画の中核をなすのが、事業ポートフォリオです。いま、先行きが不透明な時代になり、企業が、自社のコア事業および成長分野を見出すのが、非常に難しくなってきています。とはいっても手をこまねいていては、取り残されるのは必定でしょう。そこで自社がもつ経営資源を分析し、将来、どの事業領域に投資を実行していくかを決めなければなりません。事業ポートフォリオ戦略とは、現在と将来における事業活動を行う領域を選定し、その組み合わせを最適に維持することです。

高度成長期のように、多くの領域が安定的に成長し製品のライフサイクルが長かった時代なら、事業のリスクを分散させる必要などなかったといえます。しかし昨今のようにイノベーションが加速し顧客の価値観も多様化するとともに、グローバルな競合が出現するなど経営環境が激しく移り変わる時代においては、企業は常に技術革新のスピードや顧客の嗜好を視野にいれて、新たな事業分野を開拓する必要にせまられています。もはや1つの事業が10年もつ時代ではなくなったのです。このため**事業領域の最適な組み合わせを管理する必要が出てきた**のです。

そのための代表的なツールが、プロダクト・ポートフォリオ・マネジメント（ＰＰＭ）です。70年代に米国のボストンコンサルティンググループが開発したものです。

〈経営戦略と中期経営計画〉

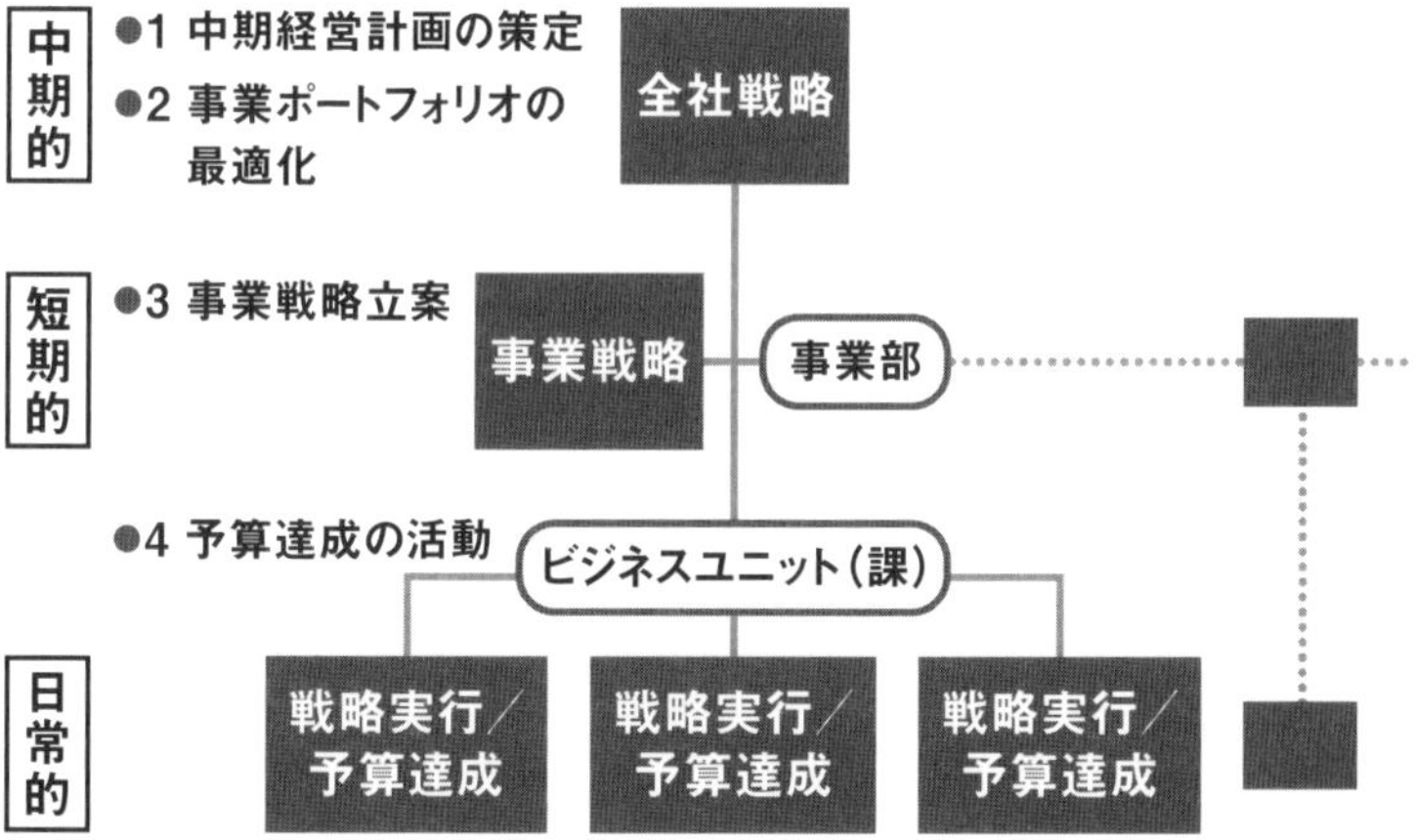

中期経営計画に必要なもの

1 過去の実績の振り返り―過去の達成度合いと課題を示す

2 新3カ年計画―事業ポートフォリオの考え方が中核になる

3 到達目標―数値目標を示す

CHAPTER 4-02

事業ポートフォリオでリスクを減らし経営を加速する

事業の領域をしっかりと確認せよ

卵は一つのカゴに盛るな！

事業のポートフォリオがどうして必要なのでしょう。ポートフォリオとは、ときどき聞く言葉だと思いますが、場面によっていくつかの意味があるのです。そもそもは書類入れのことです。いろいろな書類を整理して入れていくイメージです。

そこから、さまざまな要素を持つものを1つの集合体として考えて、全体で検討していくときによく使われるようになりました。金融の世界では、分散投資をして、預金、株式、債券など複数の金融商品に投資した全体をポートフォリオと呼びます。これは「卵は一つのカゴに盛るな」ということわざがあるように、もしカゴを落としたとき、多数の卵が割れてしまう危険性（リスク）を考えると、複数のカゴに分けて運んだ方がより安全ではないか、一つのカゴにムリにいっぱい入れないほうがいいのではないか、といった考えです。

メインの事業一本だけでも成り立つビジネスもあるでしょう。ですが、景気の動向、需要、時代の変化などを考えると、他の事業も併せて進めていたほうがいいかもしれません。

事業ポートフォリオで事業の性格を浮き彫りにする

歴史的に継続してきた事業、新規にはじめた事業、M&Aによって加わった事業など、企業にはさまざまな経緯で複数の事業が併存していることが多いものです。たとえ規模は小さくても、事業の全体から考えての位置づけを見ておく必要があります。

P103のチャートは、架空の会社の事業を表したものです。円の大きさは売上の規模。タテ軸は市場の成長性で、上は成長性が高く、下は低くなっています。左右は相対的な市場シェア。市場シェアというものは、全体から見ればそれほど大きく獲得できていない企業もあると思いますが、自社の中で相対的に見ていけば、シェアをより多く取っている事業と、そうではない事業があることはわかります。この図では左がシェアが高くなっています。

この会社では、主に2つの系統の事業があります。成長率の低い、そして人件費の占める割合が多く利益率が低いタイプの事業。そして、この10年に獲得した先端技術系の事業です。ポートフォリオでは、事業の優劣を決めるのではありません。このことだけは、よく理解しておかないと、かえって経営を危うくしてしまいます。

たとえば、成長率が低く、シェアも低い事業があったとします。その事業を継続する意味はどこにあるでしょうか。それを考えた上で、判断していくことになるのです。「昔からやってきたから」というだけでは説得力は弱いので、そこにたとえば「リスクの低い事業だから」といった意味合いがあるかどうかです。

リスクを減らし経営を加速する

経営をしていくにあたって、常に考えていることは誰でも一緒でしょう。**将来のリスクを減らしながら、大きく成長の見込める事業にきちんと投資していくこと**です。それは、先ほどのような成長性の低い事業をなくすというのではなく、そこが担保している企業全体のリスクの低減を活かしながら、ハイリスクではあっても成長性の見込める事業にどの程度の投資をするか、を考えることです。

思い切った投資をするためには、しっかりとした土台が必要です。土台を失ってしまうと、投資だけではリスクが高くなりすぎます。継続的な経営をしていく、ステークホルダーの理解を得ていくためにも、事業ごとの性格をはっきりさせて、それに合わせた戦略を立てていくことが求められるのです。

また、事業というものは、その分野を牽引する人材によって成果も大きく変わってきます。この例の企業では現在、低成長の事業に多くのベテランがいて定評がありながら、成長分野の人材は不足し、そのためにシェアを拡大できずにいるのかもしれません。または、低成長分野でも世代交代によってサービス力が低下しているかもしれません。

このように、ともすれば、お金(売上、利益、キャッシュフロー)で事業を捉えがちですが、ポートフォリオで考えたときには、そのリスクや人材、さらに自分たちの持つ強みなども考慮していく必要があります。そのための経営計画であり、予算策定なのです。

〈ある企業のポートフォリオ〉

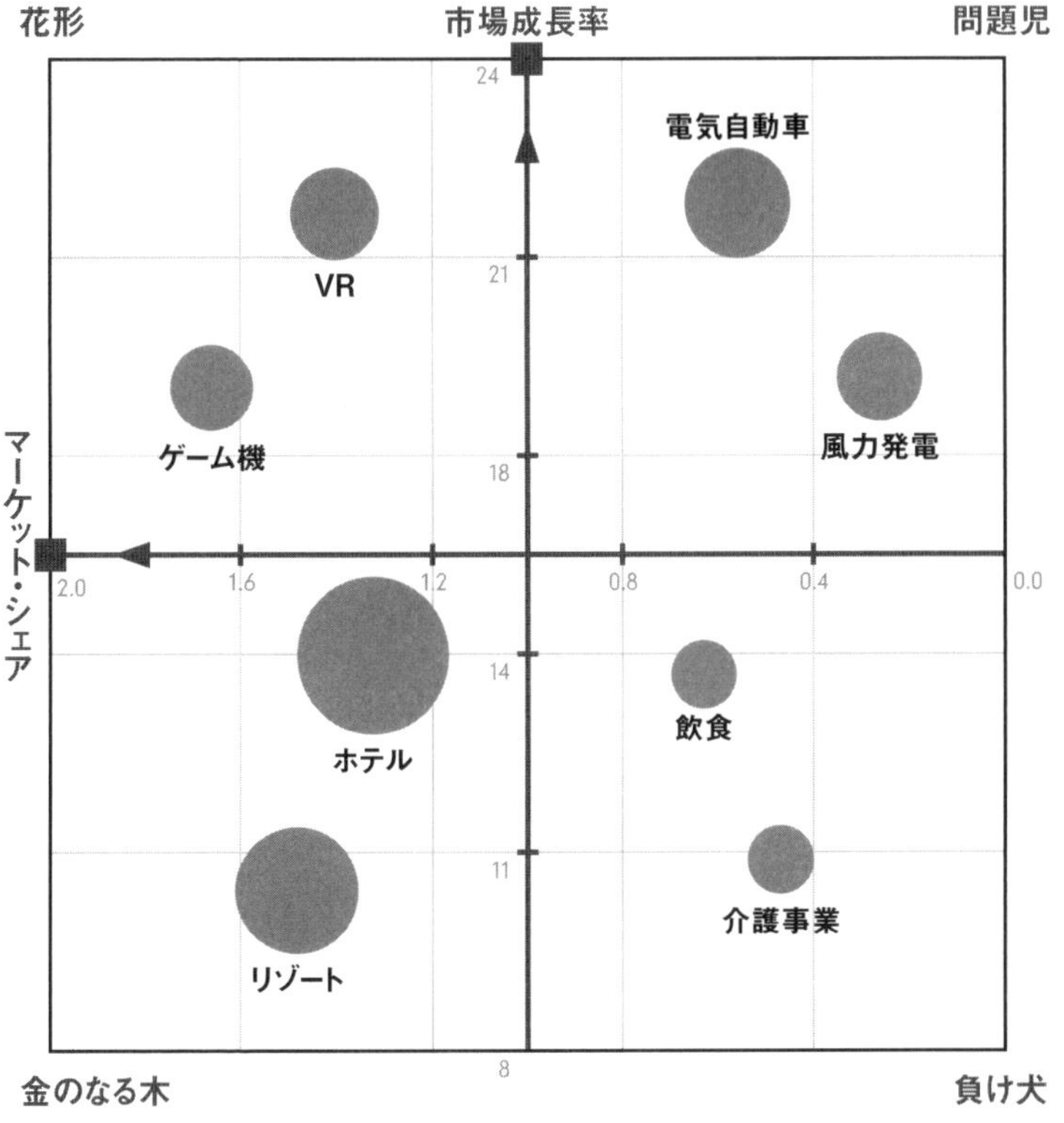

CHAPTER 4-03

金のなる木を切らず、問題児をどう育てるか？

ポートフォリオで考える将来のあるべき姿

自分たちの事業はどうなるの？

F君「部長、いま私たちの部門は、会社からどう見られているんでしょうか？」

部長「大いに期待してるよ！　がんばれ！」

F君「はあ。でも、最近は売上高も減っているようですし、あんまり期待されていないような気がします」

部長「売上高の減少は、単に環境の問題だろう。いまこの部門は、成長率はそれほど大きくはないのだが、将来を見限ったのか撤退企業が増えて、わが社のシェアは拡大中なんだよ。つまり会社への貢献度はかなり高いんだ。胸を張っていい」

F君「そうなんですか。もう、あんまり先がないのかと思っていました」

部長「バカなことを言うな。ここでしっかり稼いでおかないと、新しい事業への投資もできないからね。それにもしかしたら、ウチがお客様にとっても最後の砦になるかもしれないんだ。プライドを持て！」

成長の方向を見つけていく

プロダクト・ポートフォリオ・マネジメント（PPM）の考え方では、事業を4つの分野に分けて考えます。

P107の図をご覧ください。花形は、成長性が高く、シェアも大きい。そのためお金は大きく入りますが出ていくのも大きい状態です。隣の問題児は、競争が激しいので、お金はあまり入ってきませんが、投資が必要なため出ていくお金は大きいものです。問題児が多いと財務的に支えるのがとても大変です。

一方、金のなる木。ここはお金が大きく入ってきて、なおかつ出ていくお金は少ない。つまり利益率がとてもいい事業です。ハッピーですが、成長性がないので、将来を考えたときここだけに頼るのは事業としては危ういのです。

そして負け犬。ひどい名前ですね。ここには、入ってくるお金が少なく、出ていくお金も少ない。規模が縮小しているのです。このままでは撤退を余儀なくされるかもしれません。発展の見込みのないところに人材を張りつけておくわけにはいかないでしょうから。

成長の方向を考えると、**問題児をなんとかして花形にすること。花形はいずれ成長が鈍ってくるので負け犬にならずに、金のなる木になるように大切に維持管理しなければなりません。**手を抜くと負け犬になってしまう可能性があるのです。ただし、ここになにかしらのテコ入れをして、問題児にしていくことは、次の事業への種蒔きになることもあり得ます。

時代の変化に合わせた経営戦略を

負け犬はこのままでは撤退を考えなければなりませんが、もしシェアを拡大できれば金のなる木になるかもしれません。金のなる木は現在は収益性も高いので貢献度が高いものの将来は不安です。ですから成長率の高い分野へ移行することも視野に入れたいものです。問題児は重要な事業ながらも競争が激しいために利益は低くなりがち。そもそも潤沢な資金を得られるかが問題です。また人材確保も大変。ですがここは力を入れたいところ。花形に育てることを考えたいですね。

このように、**事業をポートフォリオで考えながら、戦略を考えていくことで成長の道筋を見つけることにもなります。**また、このポートフォリオで、事業に偏りが出ているときには、どうすればバランスが取れるのかを考える必要があります。

ベンチャー企業の多くは問題児の事業ばかりということもあります。こうなると、ちょっと台風が来たら吹っ飛んでしまうようなテントにも似た経営となりますから、なんとか金のなる木を確保しておきたいものです。このため、ベンチャー企業の多くは、IT分野など先端分野への投資だけではなく、人材派遣事業など金のなる木を求めた投資もしているのです。さらに、負け犬とみられていた事業に、最新のIT技術を導入することで、成長性を高めるなどして投資家の関心を呼び問題児の分野に入っていくことも考えられます。

こうした経営戦略から経営計画が生まれ、そして予算へと関連付けられていくのです。

〈事業ポートフォリオ〉

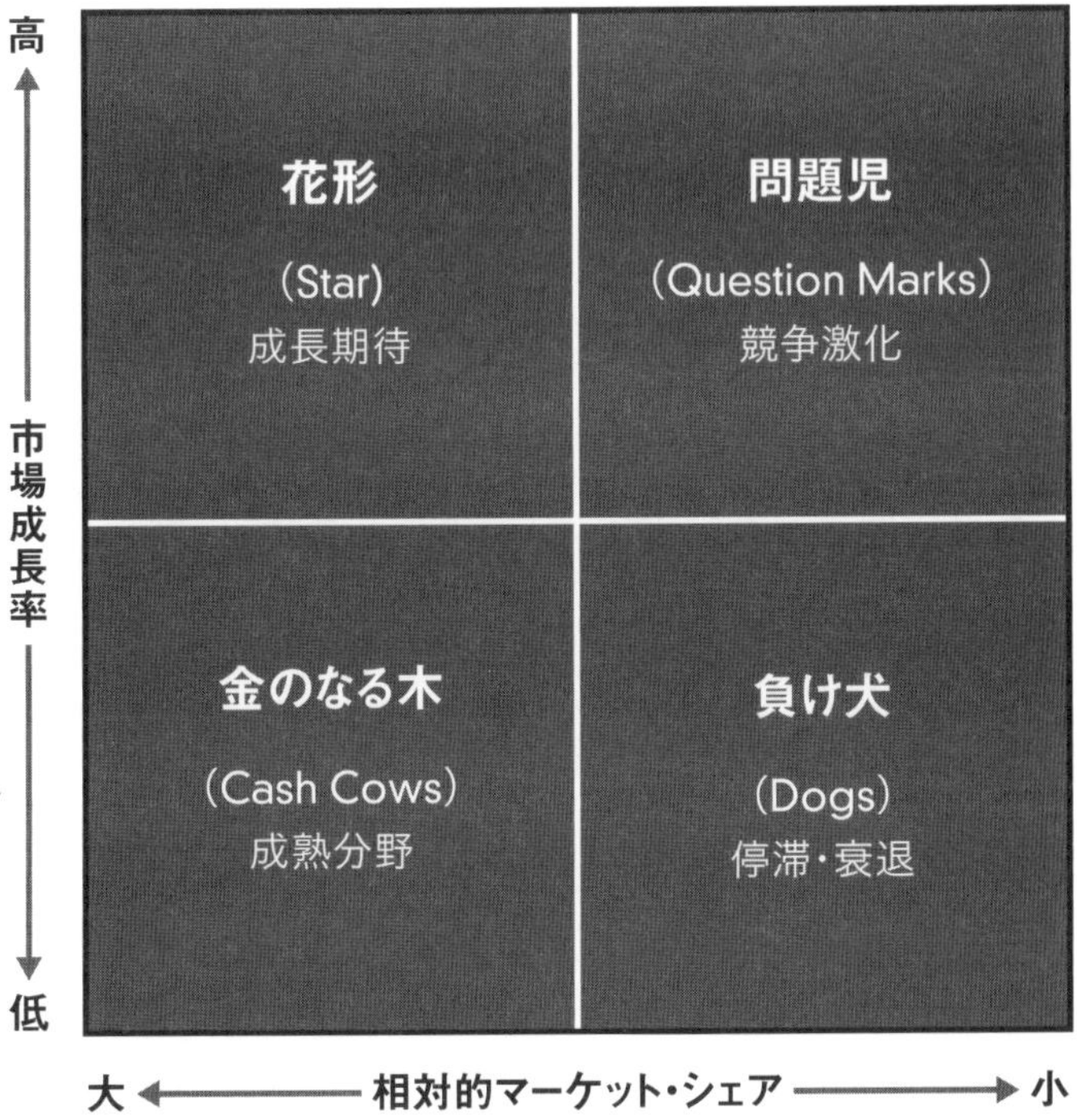

注)「問題児」は、Problem Childと表記することもある。

CHAPTER 4-04

予算達成はKPIの再確認から

リターンなき事業からの脱却

M君「課長。うちの部門の予算、いつも上から降ってくるばっかりで……。部長も、もう少しなんとか言ってくれればいいのに」

課長「たしかに今期はさらにキツイ感じがするね。だけど、どうしてこの予算が来たのか、考えたことはあるかな？」

M君「会社をよくするってことなんでしょうけど……」

課長「そんな漠然とした目標で予算は作っていないんだよ。この部門にこれだけの予算が来たということは、要するに会社としてすでにそれだけの投資をここにしているってことなんだ。それに対するリターンが求められている。結果を出せ、ということじゃないかな」

M君「それはいいことなんですか、悪いことなんですか？」

課長「部長はこの部門を会社の核にしたいと思ってるんだ。私もできると思っている。期待されているってことだよ。うちらがこの予算で貢献できるようになれば、すごい会社になっちゃうかもね」

ＫＰＩはトップダウンで経営戦略に密着している

ＫＰＩ（Key Performance Indicator）は、「重要業績評価指標」の意味です。業績の評価とは、つまり目標管理となります。目標管理はともすると、部門ごとにボトムアップで積み上げていく場合もあるのですが、それをやると、企業としての経営戦略に沿った目標になるとは限りません。

環境が激しく動く中で、的確に投資をして業績を伸ばしていきたい企業としては、遠回りをしている時間はありませんし、**どうせ力を入れてやるのなら、全社的にハッピーになる目標を優先するべきでしょう。**

Ｐ１１１の図でいけば、いくつもある「重要業績評価指標」（定義）を、経営戦略に基づいて分析し（分析）、できるだけ最短距離で最高の結果が期待できるＫＰＩにしていき（解決）、それを実行するのです。その結果をチェックして、次期のＫＰＩの定義に活かすわけです。

このため、これまでこうした意識を持っていなかった企業ではスタートでかなりの作業を必要とするかもしれませんが、一度動きはじめると、次期の予算策定に合わせてチェックし再定義していくことができるため、スムーズになっていくはずです。

また、経営戦略から一貫したＫＰＩですので、全社員が経営意識を持って目標に向かうことができます。予算の数字だけで「上から降ってくる」といった後ろ向きの発想ではなく、より高い意識で仕事に向かうことが可能になります。

ＲＯＥに結びついたＫＰＩ

また、ＫＰＩは経営戦略に合致しているのは当然ですが、数字としてはＲＯＥ（自己資本利益率）に直結します。ＲＯＥの高い会社とは、資本効率がよく、高い利益を上げている会社です。資本主義の経済では、同じ金額を投資したときに、より多くのリターンが得られる企業に高い評価を与えます。ＲＯＥは、利益を資産で割って算出します。利益を上げるか、資産を減らすかすればＲＯＥは高まります。ＫＰＩで各部門の評価指標を設定するときにも、当然、それを達成することでＲＯＥが高まることが求められます。たとえば社員の福利厚生を改善することで、仕事の効率が上昇し、利益が高くなると同時にオフィスの電気使用量が減るといったように、一見、些細なことのようでも、ＲＯＥに直結する指標はたくさんあります。その中から、どれを重視するのかは、企業経営にとって重要な判断となります。

このため全社のＫＰＩは体系的に関連付けることができ、部門単位、さらには個人単位にまで設定することができます。同時に、**ＫＰＩの整合性については、常に調整をしていく必要も出てきます。**数字の一人歩きはともすると思いがけない非効率を発生させることもあるからです。そのため、ＫＰＩでマネジメントする場合に、年間といった長い単位ではなく、できれば月単位で見直すことが望ましいとされています。これは、目標管理がそのままＫＰＩの管理となり、同時に個人の業績評価になるのです。

なお、ＫＰＩの考えは７章のバランススコアカードでも登場します。

〈KPIで目標を達成しよう〉

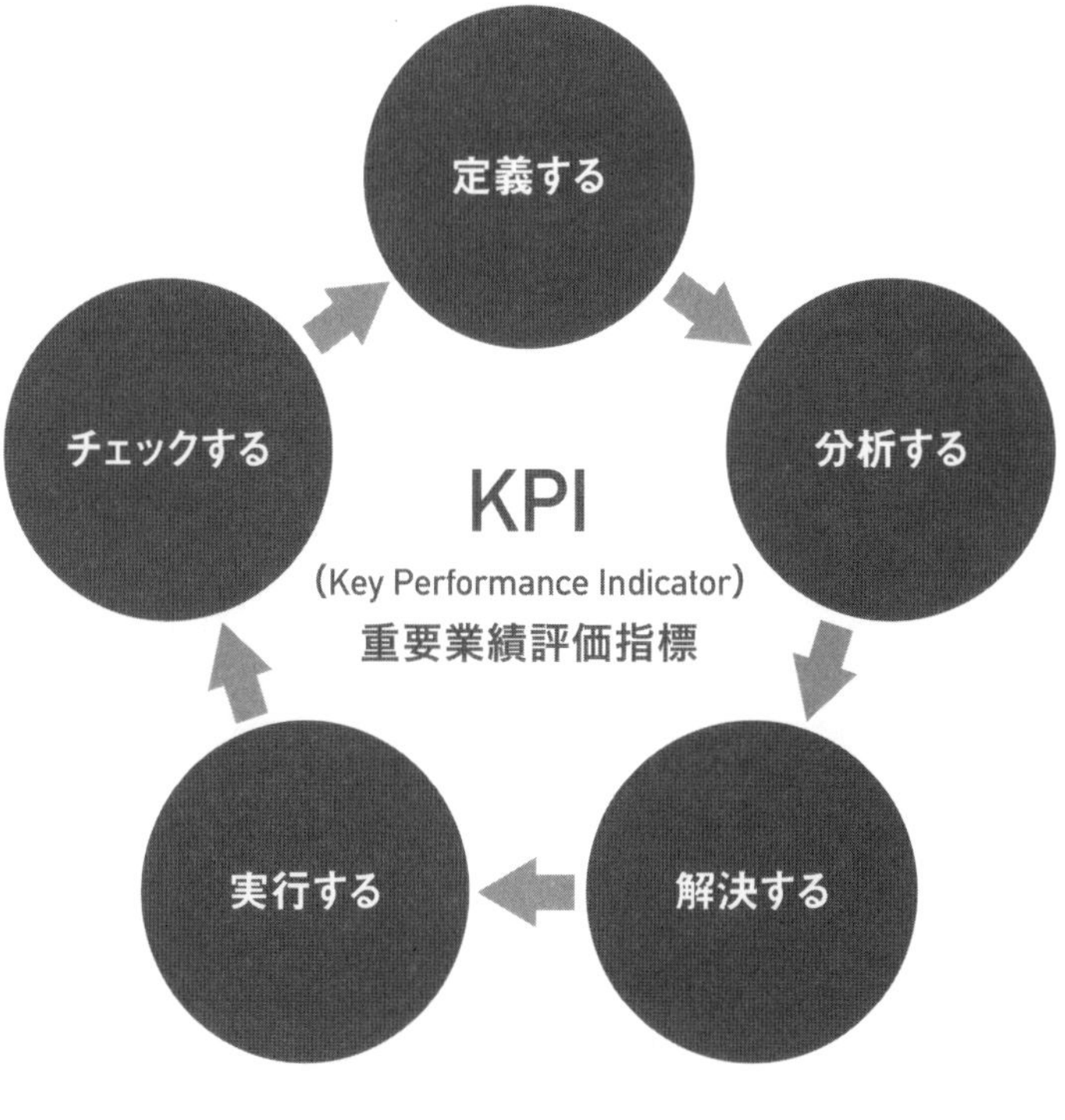

KPIはトップダウンが基本です。あらかじめ、「受注金額○円以上」といった指標を出します。ただ、前年比（前期の結果）だけで割り出すのではなく、企業の置かれた環境、投資額、市場の状況、ライバルとの競争などから見つけていきます。

CHAPTER 4-05

KPIで仕事のやり方を変えよう

予算が変われば仕事のやり方も変わる

P君「部長、このままだと予算が未達になりそうです」

部長「んんん？　どうしたんだ、この間まで順調だと張り切っていたじゃないか」

P君「すでにやれることはやり尽くしてしまって……。それでもまだ届かないのです」

部長「やり尽くした？　どういうことだ？」

P君「昨年やったことを踏襲して、キャンペーンもセールもしっかりやって、それぞれ前期よりいい結果が出ています。だけど、それだけじゃ、今期の目標にはまだ足りなかったのです」

部長「そりゃそうだろう。同じことをやって、より高い目標を達成できれば、それもいいけど、普通は目標が変わればやり方も変わると思うけどね」

P君「やり方を変える？」

部長「いまこんなことを言っている場合ではないが、新しい目標を達成するためのアクションを考えなくては、いつまでたっても達成できないと思う」

前期と同じやり方では今期はムリ

前期の反省を踏まえて経営戦略を変更していくに当たっても、経営陣は問題点とその解決策に頭を悩ませて、その結果として予算が策定されていくのにもかかわらず、現場ではただ数字が下りてきて「昨年と同じにやればいい」とみなしかねません。この結果、戦略は前進していても、実行フェーズが伴わず、結果的にまたしても未達で終わる、などといったことが起こってしまいます。

ですが、これまでのやり方を変えることは、現場の発想ではそう簡単ではないのです。予算が変わったからといって、簡単にやり方を変えられるのか。そこで、ＫＰＩで「いま重要な評価指標はこれだ」と決めていく過程から、全社に浸透させていく必要がありそうです。同じやり方をすれば、よくても前期並みの結果。下手をすれば環境変化によってもっと悪い結果になってしまう可能性が高くなります。

簡単に言えば、「単価が安くても台数を出せばいい」といった考えから、「より単価の高いものを多く出す」へと転換したときに、販売方法が変わっていくのと同じように、**ＫＰＩによって仕事のやり方を変えるきっかけになる**のです。

ＫＰＩは、必ず定量的な指標であることが求められます。計測し比較できること。このため現場でのチェックも負担が減ります。数値の変化で明らかになるからです。定性的な評価を中心にしてしまうとマネジメントが複雑になり、問題点も曖昧になりやすいのです。

ＫＰＩで進めるシンプルな経営

ＫＰＩは定量的であること。さらに、経営戦略と整合していることが求められます。また、仕事のやり方を変えるなど、行動に結びつく指標が望ましいのです。「なにをすればいいのか」が最終的に個人のレベルで腹に落ちるようにしていきます。

たとえば、「ＲＯＥを高める」ために「利益率を高める営業」を必要としたとして、「高額商品を一定の割合で売り切る」とか「在庫を減らす」といったアクションにつながる指標へとブレイクダウンするのです。

ワンマン経営でありがちなのは、視点が１つになってしまうこと。そのためステークホルダーから賛同を得られない行動が発生する可能性も出てきます。ＫＰＩによる経営なら、こうした偏りを是正し、より多くのステークホルダーに認められる行動へとつなげられる可能性が出てきます。**定量的な指標によって、客観性が出てくる**点でも広く理解を得られる経営となります。また個人の評価にも結びつけるときに、客観性は重要です。不公平感を減少させることができるでしょう。

７章で紹介するバランススコアカードの考えにもあるように、財務と非財務の両面でＫＰＩを設定していくことも望ましいとされています。経営に隠れたリスクを暴き出し、早めに対処することにもつながります。この点でＫＰＩは、「見えにくいものも含めて見えるようにする」効果も期待できます。

〈KPIの指標の例〉

全社	営業利益 経常利益 売上 有利子負債 利益率	1人当たり売上 時間の効率性 人員数 顧客満足度など
事業部／ 部門／ 支店／ 店舗	売上高 利益 人件費 生産・販売数量	ロス率 機会損失など
個人	訪問数 問い合わせ率 商談率 成約率	見込み客数 DM送付先件数

予算を前年から単純に引っ張ってくる方法では、指標だけを見ると代わり映えせず、同じことをまた繰り返す可能性も高くなります。

経営戦略にコミットしたＫＰＩを定義していくときに、前期の問題点を明らかにしていくことで、そもそもやり方から変えなければならない、ということが明らかになることも期待できます。

5つの力から長期的に分析する

企業の未来を決めるのは誰か？

10年後、20年後にどうなっているか？

K君「課長、この仕事、20年後にはどうなっていると思います？」
課長「その頃には、おれはいないなあ。田舎で蕎麦打ちを……」
K君「まじめな話ですよ。予算とか目標とか見ていると、もっと先ってどうなるのかなって」
課長「K君も知ってると思うけど、ポーターの5forces（ファイブ・フォース）という考えがあるじゃないか。ああいう分析をしていく必要があるかもしれないね」

長期の経営計画は、現実には難しいと言われています。本書では中期的な経営計画、予算管理を主に考えていますが、長期的な観点を持たなくてもいい、というわけではありません。

マーケティングでは必ず学ぶことになるマイケル・ポーターの『競争の戦略』では、長期的な投資収益率を決める5つの力を解き明かしています。それは、**①競合他社との争い　②新規参入の脅威　③代替する製品やサービスの脅威　④供給側の交渉力　⑤消費側の交渉力**です。

〈5つの力 ファイブ・フォース分析〉

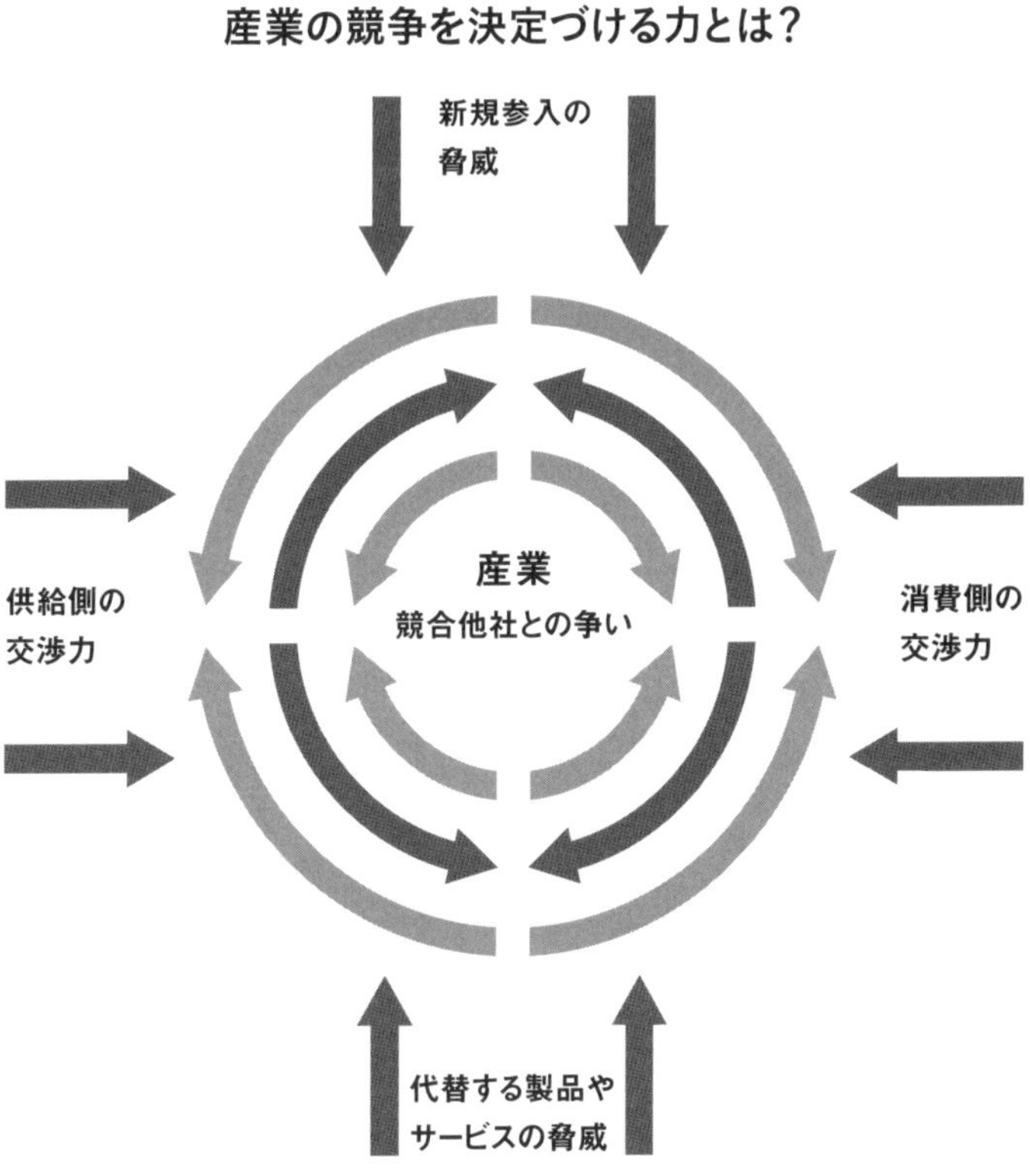

長期的になにが脅威なのか？

①競合他社との争い……同じ顧客を奪い合うこと。値引きなど終わりなき消耗戦。
②新規参入の脅威……限られたパイを奪い合う。新技術の投入など予想外の競争も。
③代替する製品やサービスの脅威……低価格化、粗悪品による消費者離れなど。
④供給側の交渉力……原材料の高騰など。
⑤消費側の交渉力……価格引き下げ圧力など。

予見できない長期的な脅威は、このようにさまざまなものがあり、すべてに未然に対応できるものではありません。たとえば、携帯電話市場に、ｉＰｈｏｎｅが登場したことによって「スマホ」の市場が急速に拡大したように、新規参入がもたらすこれまでの延長線上ではない、まるで次元の違う製品の登場などはいまから予測することはできません。

ですが、③④⑤のように、できるだけ将来の脅威を低減できる可能性のある力もあります。③はブランド強化などによって防ぐことができるかもしれません。④は供給側との関係性をしっかり保つことで、ある程度は和らげることができるかもしれません。⑤については販売方法、供給方法などを改善することで対応できる可能性もあります。

経営戦略には、長期的な視点を持ちつつ、顕在化していないリスクに対する的確な措置も考慮しておきたいものです。

CHAPTER 5

予算管理に係る重要な概念

CHAPTER 5-01

ＡＢＣ分析で取引先を管理しよう！

ランクを付けると発見がある

取引先をランク付けして管理する

課長「君がよく通っているS商店さんは、最近、売上激減だぞ」
S君「実は、そうなんですよ。だけど、行くといつも愛想よくしてくれるので、つい……」
課長「いくら話の相手をしてくれても、売上が伸びないんじゃ、行く意味はないよ。一度、顧客のＡＢＣ分析でもしてみたらどうだい」
S君「あんまりお客さんを区別しちゃいけないかなって思ったので……」
課長「当たり前だ。どのお客さんにも同じように誠心誠意対応するのは当然だからね。だけど、お得意さんと滅多に注文のこないお客さんと同じような頻度で接することとは、また別の話じゃないかな？」
S君「なるほど……。考えてみます。で、課長。どうやればいいんでしょう？」

予算を達成するためにも必要な分析

計画の遂行、そして目標を達成するためにも、できるだけ具体的な対策を立てることが重要です。たとえばPRするにしても「新聞の折り込みチラシをバーンと撒いて！」というやり方よりは、「この地域は重点的に営業で訪問、ポスティングしよう。この地域は折り込みチラシで対応しよう。このあたりはむしろDMのほうがいいのでは」といった対策を講じておいたほうが、効果も高いのではないでしょうか。

そのためには、**顧客別の分析、地域別の分析など、企業の得意先に応じた分析をして、「誰に、なにを」という部分を明確にしておきたい**のです。

ABC分析は、取引先を販売額の順番や利益率の順など、必要な指標に応じて上位から下位まで並べていきます。その上で、もっとも高いシェアの取引先をAランクとし、それに次ぐシェアをBクラス、そのほかをCクラスとする、といった具合に3つに分けていきます。

このランクの区切りは、戦略とも関わる部分ですから、必ずこうしなければいけない、というものはありません。

現状でしっかりとした顧客対応ができていない場合には、この分布がダラダラと広がってしまって上位と下位の差があまりない、といったことも生じます。この場合は、重点的な戦略が取られていないか、うまくいっていない可能性があるのです。

パレートの法則も使える

よく、「二八の法則」であるとか「80対20の法則」などと言いますが、ＡＢＣ分析をしていない状態でも、「おおよそ、当社の利益の8割は2割の顧客からもたらされているのではないか」といった推測ができます。これは、パレートの法則と呼ばれます。ヴィルフレド・パレートというイタリアの学者が考案しました。国の8割の富を2割の人が保有していることを指しているのですが、さまざまな分野にも同様の現象が見られることから、便利な法則として利用されています。

Ｓ君が言うように顧客を差別してはよくありませんが、限られた時間で成果を上げなければならない場合には、より高い成果が望める顧客に重点的に営業をかける必要があるでしょう。またお得意様とそうでない人を完全に平等に扱うことは、お得意様の目から見れば、あまりよくない公平さと映り、他社に乗り換えられる可能性もあるのです。

Ａクラスだけを見た事業活動をしていると、彼らがいなくなったとき（高齢化、他社へ移行など）、窮地に陥る可能性もあるので、Ｂクラス、Ｃクラスにもしっかりとした戦略を立てて、対応しておく必要があるのです。未来のＡクラスは、現在のＢ、Ｃクラスに潜んでいる可能性があるのですから。

ＡＢＣ分析を通じて、常に顧客や商品など自分たちが扱っているものを把握しておき、それを踏まえた事業計画、予算立案をしていかなければなりません。

〈ABC分析で把握しよう〉

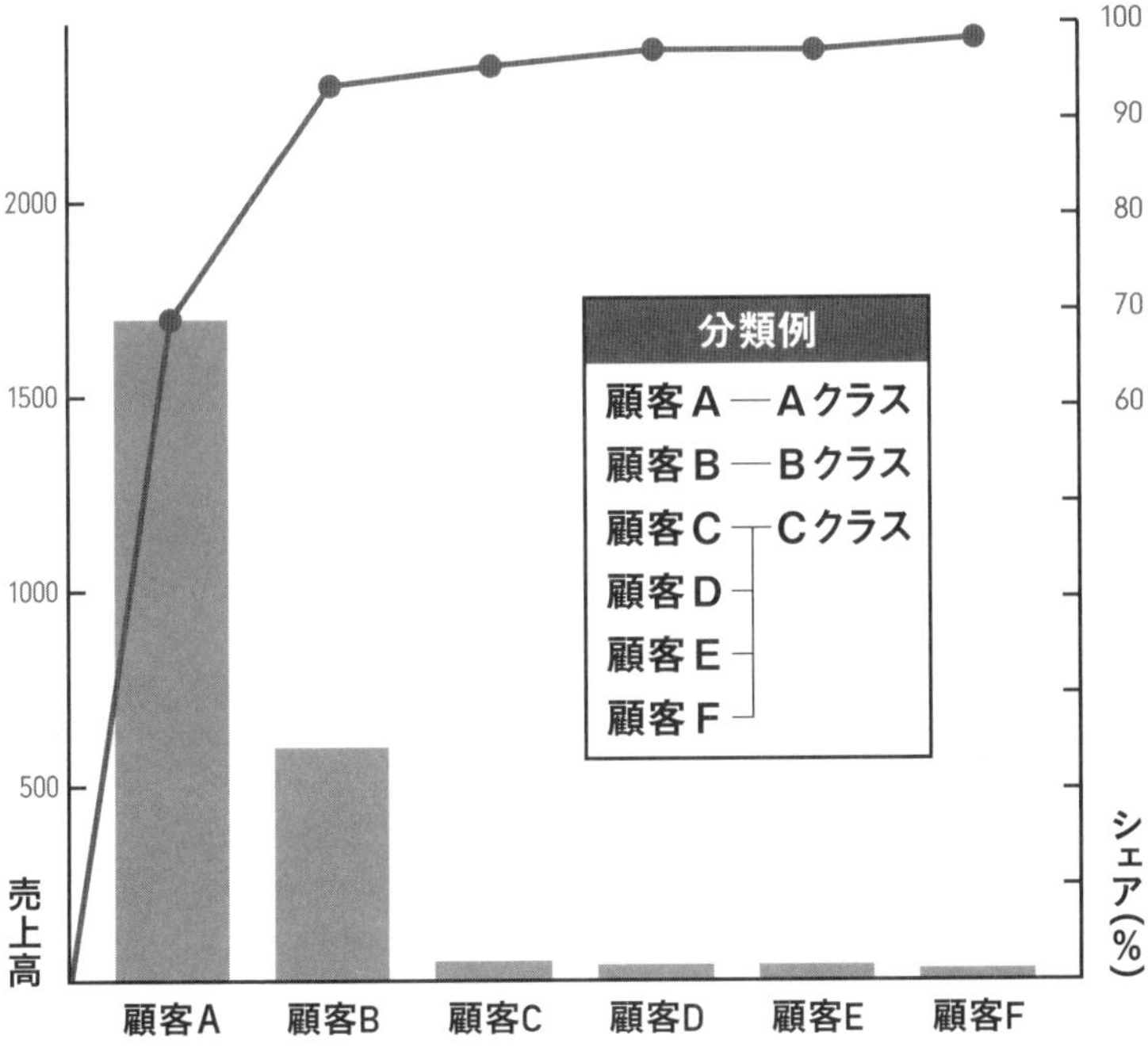

たとえば、顧客Aだけで、全売上高の70%に迫っています。ここは他社に取られてはいけません。顧客Bはそれに次ぐ規模です。しかし顧客Aに大きく引き離されています。今後この顧客をAクラスにするにはどうするか、考えていく必要があります。さらに、顧客C〜Fは、できるだけ早くBクラスに引き上げたいところ。そのためになにをすればいいのか、考えていきたいですね。

さらにいまは顧客がこの数しかいないので、なんとか新しい顧客G、H、Iを作らなければなりません。その対策も重要でしょう。

CHAPTER 5-02

製品の「限界利益」を見る

製品ラインナップを見直す基準

この製品を売っていていいのか？

T君「課長、とうとう私もトップセールスとなりました。商品Aを50台、売りました！」

課長「おめでとう。しかし、今期の目標台数はクリアしたけど、商品Xをなぜ売らないの？」

T君「同じような性能ですし、たまたま売りやすかったので……」

課長「実はね、商品Aはあまり儲からない商品なんだよ。だから商品Xを開発して、今期の重点商品にしていたんだ」

T君「……ですが……」

課長「君の努力はすばらしいが、もう少し私の話もちゃんと聴いておいてほしかったね。商品Xを売れば、ボーナスもたぶん、もっと多かったはずだ。U君は、君より台数は少ないけどほとんどが商品Xだからなあ。かなり本社もU君に注目しているみたいだよ」

T君「えええ！」

利益獲得に貢献しているか

限界利益(marginal profit)とは、売上高から変動費を除いて算出します。**変動費とは、売上に応じて変動してしまう費用**のこと。一方固定費は、売上にかかわらず一定に発生する費用です。アルバイトの賃金は、売上に関係なく時給で固定されていますが、材料費や運送費は売上が増えるとそれに応じて増えていく費用となります。

また損益分岐点は、固定費を限界利益率で割って算出します(重要なところなのでのちに別項で解説します)。なお、固定費と変動費に明確に分けられない項目については、各社で伝統的に「これは固定費」と決めていることが多いと思われます。この費目の厳格さを追求することは経営にはあまり関係なさそうですから。それよりも、こうした数値を活用して経営戦略を立て、予算を組んでいくことのほうが重要です。

自分たちのビジネスの中で、変動費をしっかり把握しておくことは、利益を出すためにはとても重要なことであると、この限界利益が教えてくれます。

つまり、もし変動費を少しでも減らすことができれば、売上が拡大するにつれて利益がより多くなっていくのです。

ここは、なんとかして変動費を抑えて、売上が大きくなればなるほど利益も確保できるようにしたいものですが、現実にはそうは簡単にいきません。だからこそ、経営戦略を考えるときには、限界利益を見極めておかなければならないのです。

限界利益率で考える全社の戦略

商品（製品）によって、限界利益はそれぞれに違います。それを比較するために、限界利益率があります。限界利益を売上高で割って算出します。たとえば、限界利益が50円で、売上高が３００円なら、限界利益率は約16％。限界利益が１００円で、売上高が２００円の場合なら50％。後者の商品をもっと売るべきでしょうか？

実は、そう簡単な話ではないことはみなさんもおわかりでしょう。限界利益率だけでは判断できません。この会社が２つの商品しか扱っていないのなら別ですが、通常はもっと多くの商品を扱っているはずです。**それぞれに限界利益率を算出して、全体の中で考えていかなければなりません。**

また、限界利益率がわかった上で考えられる手立ては、先に触れたように変動費を下げることに加え、固定費を下げること、価格を変えて売上高を増やすこと、販売方法を見直して売上数量を増やすことなども考えられます。数値としては、限界利益率を上げていくこと（つまり売上高に占める変動費を減らすこと）ができれば、いいわけです。

各商品ごとに限界利益率を算出後、比較して会社全体の限界利益率の足を引っ張っている製品に注目する必要もあります。それをどうするか。また、全商品の中で、今後、限界利益率を高めることが可能な商品はどれか。そのために、いまなにをしなければならないか、と考えていくわけです。

〈限界利益は、変動費に注意〉

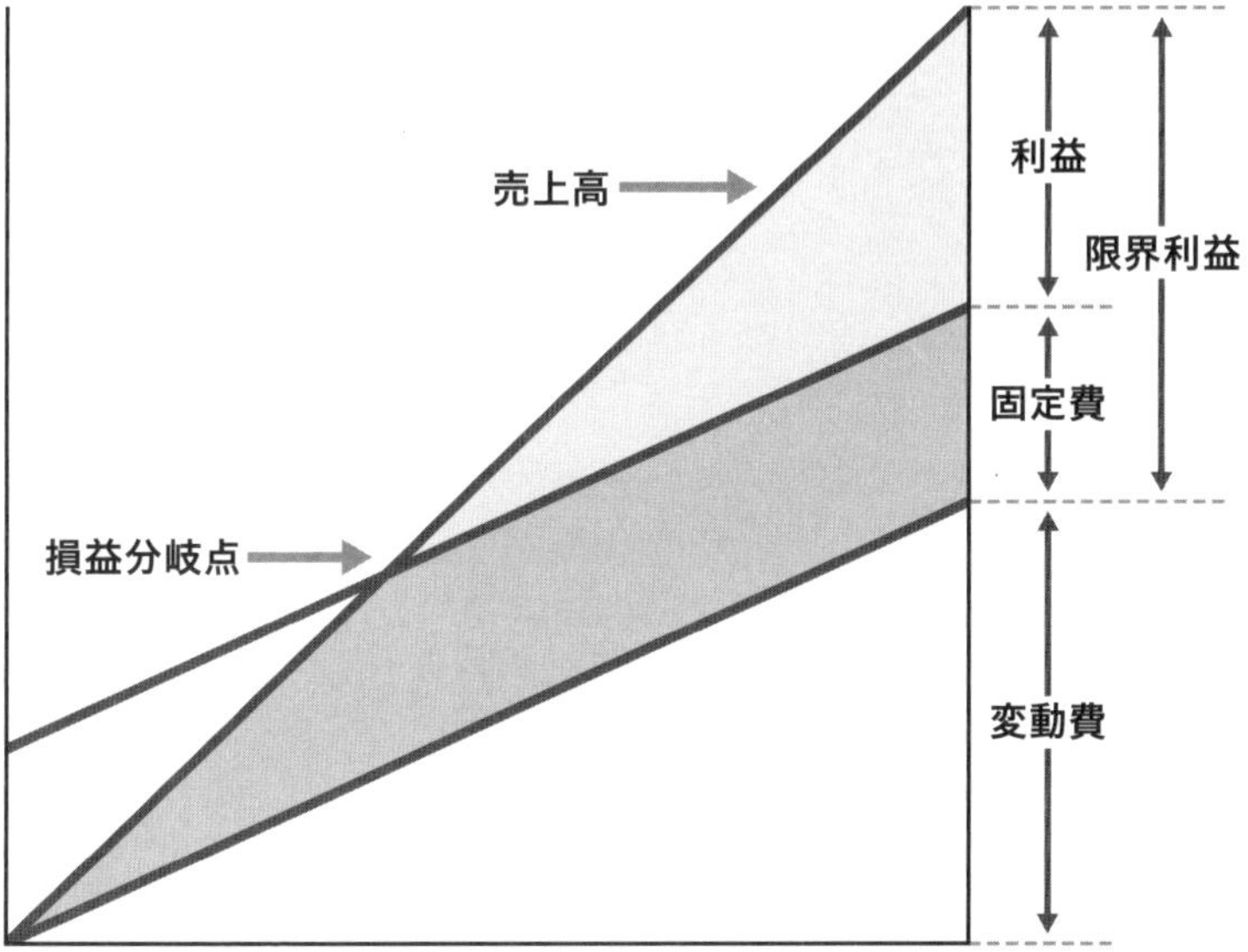

固定費は一定なので、売上高にともなって上昇する変動費のために、損益分岐点に到達するまで利益が出ません。損益分岐点を過ぎると固定費を除いても利益が出るようになります。

限界利益 = 売上高 − 変動費

限界利益率 = 限界利益／売上高×100

CHAPTER 5-03

売価を判断する「差額原価」

経営判断のための重要な指標の一つ

セールをやろう！

U君「部長、セールをやりましょうよ！　お客さんをいっぱい呼んで活性化しましょう！」
部長「うん。じゃ、プランを練ってみてくれよ」
U君「インパクトある価格がいいですよね。たとえば、オール半額とか」
部長「確かにインパクトはある。だけど、そんなことをしたら、どうなると思う？」
U君「もちろん赤字になるかもしれませんが、台数が出ればカバーできると思うのです」
部長「思う、じゃダメなんだ。ここは、しっかりと考えてくれよ。なにをどこまで値引きしたら、どれだけの利益になって、それを何台までやるとどうなるか。計算しなくちゃ話にならない」
U君「わかりました。そうか、ただ値引きすればいいってもんじゃないですよね。でも、どうやって？」
部長「差額原価って言葉、聞いたことがあるだろう？」

この取引で利益は出るのか

得意先から値引き要請があった場合、自分たちで値下げのセールをやるとき、なにをどこまで下げてどれだけ売ればどうなるのか、あらかじめ計算しておく必要があります。

こうした細かい計算まで現場でやることは少ないとは思うものの、この考え方は知っておいて損はないはずです。値決めはとても難しく、勘に頼っていてはたちまち店は潰れます。臨機応変に対応しているようでも、しっかりと儲けを出すように工夫するのが商売上手。そのためには、サクサクっと差額原価を算出してみましょう。

算出に必要なのは、売価、変動費、固定費です。このうち、値引き品またはセール品については別に計算します。そこで、特徴的なのは、「埋没原価」の考え方です。

固定費は、100台作ろうと130台作ろうと変わらない、とみなします。現実にはそんなことはないだろうと思うものの、重要なのは変動費ですから、そこだけを計算していけばいいのです。

30台値引きする、値下げセールをやる、と考えたとき、固定費を埋没原価として、変動費のみを台数×売値で考えていけば「黒字か、赤字か」が素早く計算できるはずです。

現実としては、「仕切値」(メーカーが卸業者に売る価格)のように、変更がしにくいケースもあるのですが、この仕切値を下げられるかどうか、といった話はよくあることでしょう。値下げをどの程度まで許容できるか計算できないとマズイのです。

あくまでも意思決定のための数字

注意したいのは、こうした数字は、典型的な管理会計であること。つまり意思決定をするための数字です。最終的に財務会計で期末で締めたときに、どのような決算になっているのかはこの段階では推測の域を出ません。「これなら、たぶん大丈夫だろう」といった感触にすぎないこともあるでしょう。

それでも、意思決定は、時間に追われて次々と下していかなければならないこともあるのです。その判断の一助としてこうした考え方を身につけておくだけで、しっかりと利益を確保する、または損失を最小限にすることにもつながります。

予算管理の面からは、たとえばどうしても大規模なセールをやりたい場合は、あらかじめどの商品をどこまで値引きできるか、**さまざまなシミュレーションをしておく必要もある**でしょう。しかもこの方法なら、ベテランでも新人でも計算結果は同じです。

なお、埋没原価と差額原価をここでは同列に扱っていますが、埋没原価をより厳密に「どの取引をしても変化しない原価」と考えて使う場合もあるのでご注意ください。より狭い意味では、「すでに支払い済みの原価」といった意味もあります。このあたりは、言葉と用法に厳密さが問われる財務会計とは違い、あくまで経営の意思決定のための数字だということで、企業によっていろいろな解釈や意味が付されていることがあります。業界内で慣行や伝統で独特の言い方、計算方法を取ることもあります。

〈差額原価で考えよう!〉

こんな商品Aがあったとき

	単価	100台の場合
売価	100円	10000円
変動費	65円	6500円
固定費	15円	1500円
原価計	80円	8000円
利益	20円	2000円

30台の追加受注があった。ただし単価は70円にしてほしいという。この値引き、可能だろうか?

	単価	値引きの30台
売価	70円	2100円
変動費	65円	1950円
固定費	15円	埋没原価
原価計	80円	1950円
利益	▲10円	150円

単価だけを見ると10円の赤字。しかし、固定費は埋没原価(100台売ったときに回収済み)と考えると、150円の利益が出ることになる。さあ、この値引き、やりますか? やりませんか?

CHAPTER 5-04

TOC、制約理論で改善を継続する

ボトルネックを解消して予算を達成しよう

計画を妨げているものはなにか？

サプライチェーンで考えたとき、または工場などでの生産工程を見たとき、その各工程が期待通りのパフォーマンスを達成していれば、最終的なアウトプットは計画通りになるはずです。つまり、5つの部品Aと5つの部品Bを組み合わせて、1時間で5つの製品を完成させる、といった計画は滞りなく完遂できるはずです。

これと同様に、計画通りに商品Aを目標数だけ売り上げれば、予算達成できるはずです。でも、現実では必ずしもこうはいきません。それはなぜでしょうか。

予算達成を妨げる要素はいろいろあるのですが、もっとも大きい要素は時間軸です。「1時間で」とさきほど書きました。また販売計画も締め日までに達成することが求められるのは、ビジネスの常識です。

「あと5分あれば」とか「あと1週間あれば」といった話はよく出てきます。でも、時間は待ってはくれません。締め切りを過ぎれば、すぐ次の期がはじまってしまうからです。

どこにボトルネックがあるのか?

さすがに私たちは時間軸を好きなように延ばしたり縮めたりすることはできません。その次に目標達成を妨げているものを探してみましょう。

バレンタインデーのお菓子売り場でよく見る光景ですが、行列ができていて、お菓子を選び会計するところまではまだいいのに、包装が間に合わず商品を渡すまでの時間がとても長くなってしまう、といったことが生じます。それを待っている人たちが滞留する場所があればまだしも、狭い店内がさらに狭くなり新しいお客さんが入りにくくなっている、といったこともあり得るでしょう。

せっかく計画通りにスムーズに運ぶはずのものが、どこかで滞ってしまうと、その滞ったところの生産性で、全体のアウトプットが決まってしまうことがあるのです。

この滞っている部分をボトルネックと呼び、それを解消していくことで、部分最適から全体最適に改善していくと、計画通りにスムーズに遂行できるはずです。

この**ボトルネックで明らかになることが制約条件**というわけです。たとえば包装の手間がかかるのが問題だとすれば、包装のテクニックに習熟する、包装を簡便にするというだけではなく、包装に至る受注からの流れで時間を調整できないか考えることも含まれます。ともすると、「あそこが悪い」と滞っている部分を問題視するのですが、それではなんの解決にもなりません。全体としてよりよいパフォーマンスにすることを考えるのです。

スループット会計は時間がカギ

ＴＯＣ(Theory of Constraints)理論は、70年代にエリヤフ・Ｍ・ゴールドラット博士が考案しました。著書の『ザ・ゴール』はあまりにも有名です。彼は工場の生産高は、ボトルネックに規定されることを発見し、このボトルネック部分に全工程を合わせていくことで飛躍的に生産性を高めました。

もう一つ、スループット会計の考え方もＴＯＣの特徴となっています。これは、キャッシュフローを最大化することを目的としています。

スループットは、処理能力の意味です。これを金銭で置き換えると、得られたキャッシュから、そのための投資額(キャッシュ)を引いたものです。10万円の代金を受け取るために、いくら投資したのか。ここでも時間が大切になります。スループットを増大させることが重要とされ、そのためには製造ラインだけを高速化しても意味はなく、部品供給から物流、販売店まで通して改善しなければなりません。少ない投資、少ない経費、少ない時間で大きな売上高を目指せば企業は発展していくというのです。全体最適を念頭に、改善し続けていくことが求められます。同じ投資額、同じ売上高だとしても、達成時間を半分にできれば、スループットは2倍になる計算です(現実にはそう簡単ではありませんが)。

これを予算管理で考えた場合、前期に2週間かけて達成した売上高を、今期はもっと短縮できないか、といった発想につながります。

〈制約理論 TOC（Theory of Constraints）〉

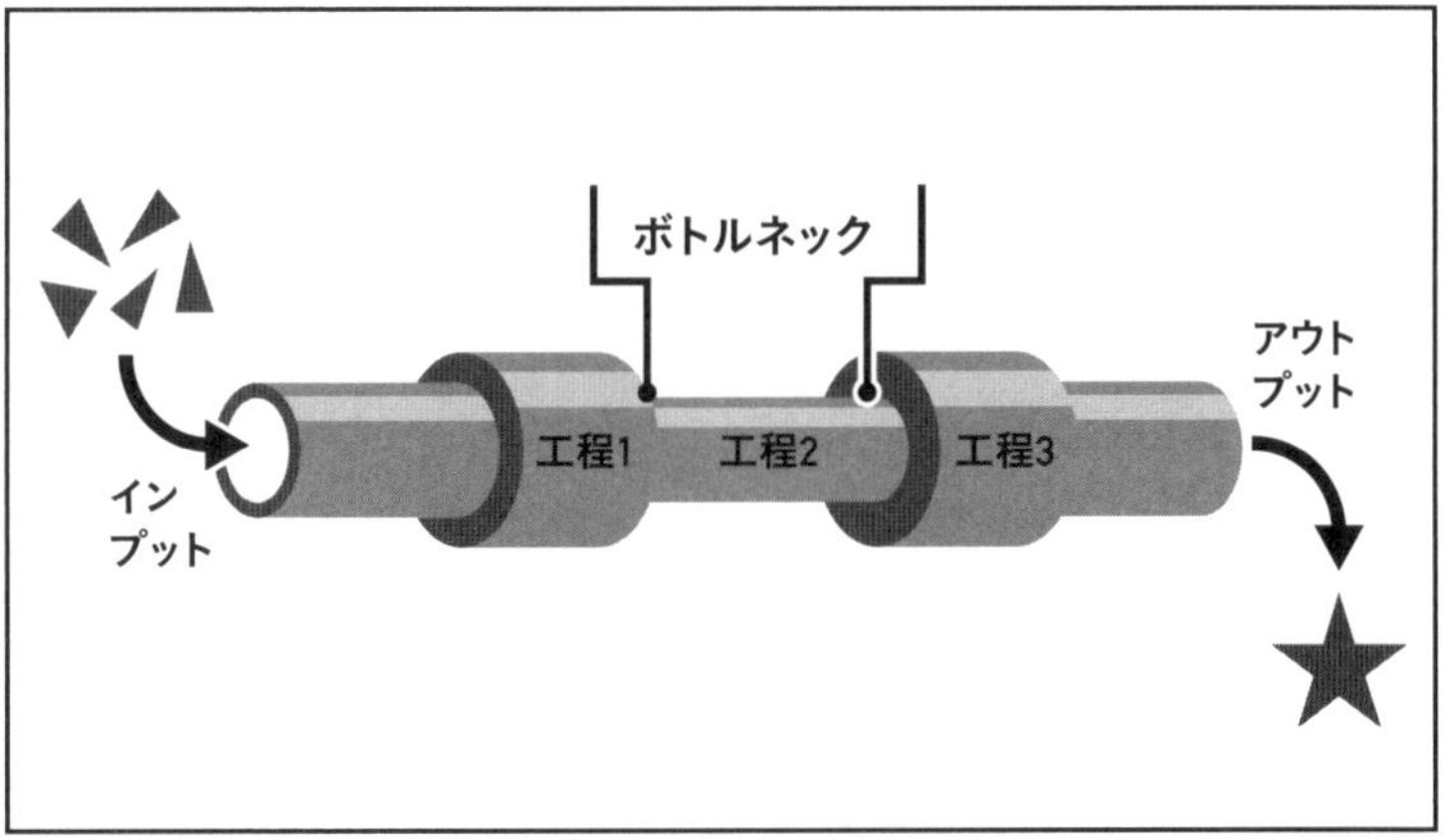

設備投資の結果、または優秀な人材が集まっているため、工程1と工程3には余裕があるのにもかかわらず、生産できる量は、もっとも貧弱な工程2によって制限されてしまいます。このようなボトルネックを改善することが、この流れをよくするためには不可欠です。またはボトルネックに合わせて、全体として最適化しなければなりません。部分最適では私たちは目標を達成できないのです。予算達成でも、4人の営業部員のうち、1人が未達なら、誰かカバーしてくれるかもしれません。ですが、3人が未達となったとき、さすがに残りの1人で全体の目標を達成することは難しくなります。では、どうすれば、全体を最適化できるのか。それを考えていかなければ予算を達成し続けることは難しいのです。

リアルな原価を把握せよ！

活動基準原価計算（ABC）で、実際の費用を考えよう

活動が変われば費用も変わる

F君「先方が急いでいるので、自分が持って行こうかと思っているんですけど」
課長「配送を頼んだほうがいいんじゃないか？」
F君「けっこう、運賃がバカにならないんですけど」
課長「急いでいるからといって、君が届けたほうが費用が高くなってしまうぞ」
F君「え？　タダで運べるじゃないですか」
課長「バカなことを言うな。往復で3時間。商談があるのなら別だが、その間、君ならほかの仕事ができるだろう」
F君「残業してやります」
課長「だから！　その残業代は誰が払うと思ってるんだ！」
部長「まあまあ。そう熱くなるな。とにかく、通常の配送でいつ届くのか確認して、その上で先方にそれで間に合うかどうか、相談をしてみることだね」

その活動にかかった費用はいくら？

物流の費用を考えたとき、単純に「運賃」であるとか「配送料」とだけ捉えていると、あまりにも狭く改善の余地はほとんど「値下げ要求」ぐらいしかなくなってしまいます。

ですが、一つの製品を出荷して、お客様の手元に届けるまでにかかる費用は、配送料だけではありません。梱包、受注から配送完了までの情報管理の費用、保険といったわかりやすいものから、経由地、中継地を経ることで発生する費用など、細かく見ていくと随所でコストが発生していることがわかります。また、こうした費用を計算していくことで、一括して物流業者に任せてしまう方がいいのか、自社で物流センターを設置するのがいいのか、といった経営判断にもつながっていきます。

このように、会計としての経費（費目）だけを見ていても、経営の改善にはつながっていきません。**アクティビティ（活動）単位で間接費を計算して分析**していくことが、活動基準原価計算（ABC、Activity Based Costing）です。

通常は、製品やサービスの原価は、直接そこに関わった項目の費用しか含まれていません。ですが、現実には、市場から遠い場所で製造された商品と、市場に極めて近い場所で製造された商品では原価は異なってくるはずです。それでいて、間接費は細かいからと、部門や事業部で一括して算出してしまったのでは、経営戦略のデータとしては不十分ということになります（ちなみに、P120の「ABC分析」とは無関係です）。

この先にあるものを見通していこう

とはいえ、ＡＢＣによる間接費の見直しについても注意すべき点はあります。それは、このデータは過去のものであること。そして今後、変動し得るものであることとです。最近では、宅配便の数量が増えた結果、労働環境が悪化し、人の確保が困難になることなどから料金の値上げを打ち出す業者も現れました。自社の問題ではなく、その原因が他にあったとしても、突然、これまでのようにはいかなくなる可能性を含んでいる点で、「わずかな費用」と高を括っているわけにはいきません。

これからも将来にわたって収益を確保しながら、より顧客満足を高め、そして企業を成長させることを考えたとき、現在の拠点でいいのか、人員の配置はどうか、社内でやるべきか社外に出すべきか、といった決断にもＡＢＣは大きな意味を持ちます。

その根本的な考え方は押さえておきたいものです。それは、**企業の提供する商品やサービスは、アクティビティ（活動）を消費することで成り立っており、そのアクティビティ（活動）はリソース（資源）を消費すること**で、この消費はコストとして数字で計測できる、ということです。

このため部門別ではなく、アクティビティ（活動）単位で考え、製品やサービス別、あるいは顧客別にそれぞれの原価を考えて、競争優位となるよう改善または選択をしていくことが可能です。それが、未来に向けた経営戦略となっていくのです。

〈活動基準原価計算(ABC)とは?〉

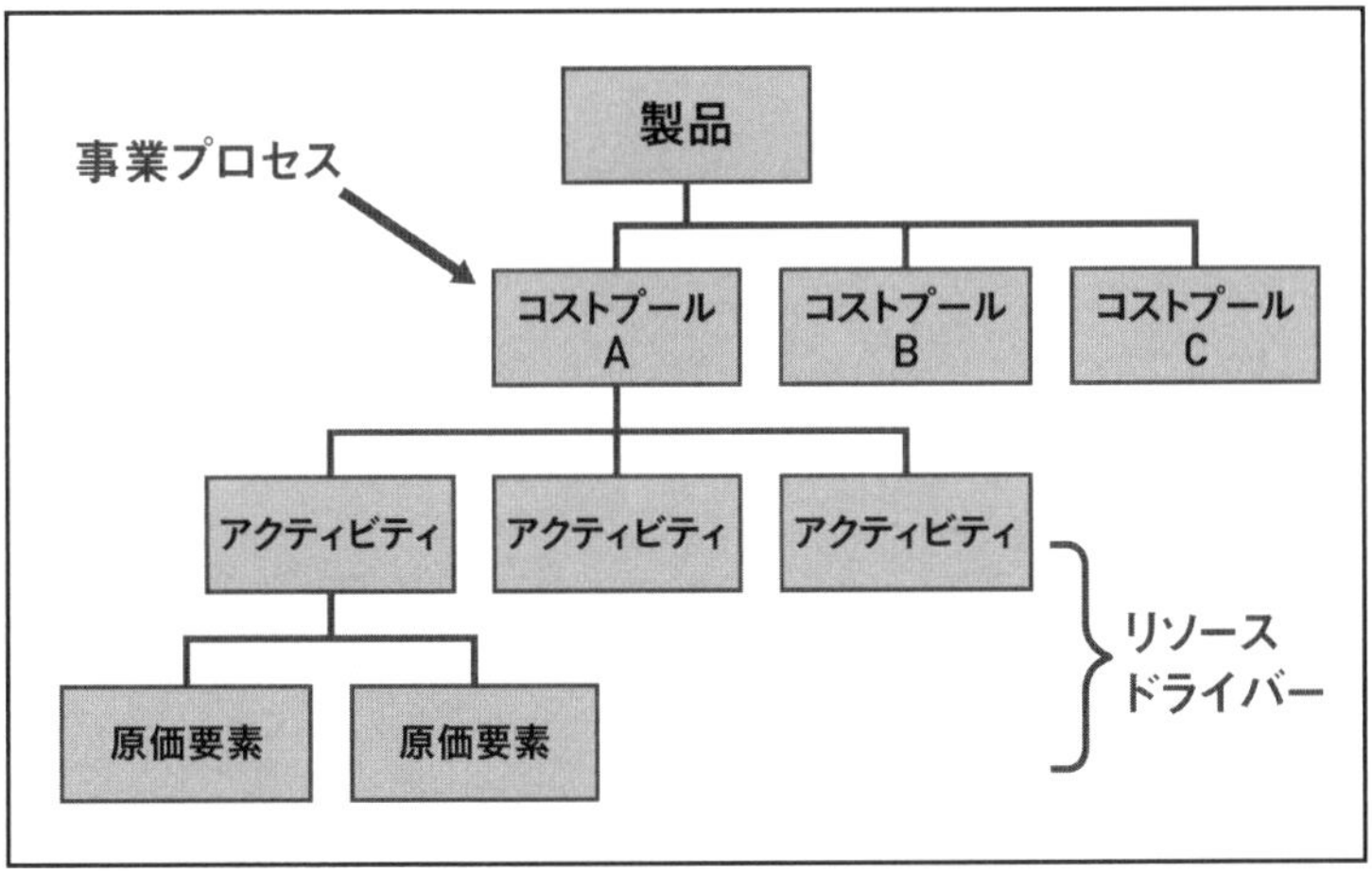

コストプール ……………………アクティビティごとにコストをまとめたもの。

アクティビティドライバー ……コストの発生要因となる活動(たとえば生産数量、ロット、検査回数など)。

原価要素 ………………………原価の構成要素。製造原価要素、販売費・一般管理費要素。

事業プロセス …………………顧客のために特定の製品を製造したりサービスを提供したりするプロセス。

リソースドライバー ……………各アクティビティが消費した資源(リソース)のコストを、アクティビティごとに割り当てる基準のこと。たとえば人件費は生産ロット数によって増減する場合、生産ロット数がリソースドライバーとなる。

リソースドライバーと、アクティビティドライバーを総称してコストドライバーと呼ぶ。

CHAPTER 5-06

損益分岐点は便利なツール

前提条件をしっかり理解しておこう

他社との比較にも使える

J君「課長、うちの商品は、どうしてもう少し価格を下げられないんですか？　ライバルはけっこう強気の価格で攻めてきているんですけど」

課長「そうか。いまは、簡単には価格を下げられないんだよ。ライバルは一時的に下げているだけじゃないのかな？」

J君「セール期間中というわけじゃなくて、いつもうちより2割ほど安く出しているみたいです。このままでは競争になりません」

課長「そうか。できるだけ、価格を下げられるように努力はしてみるけどね。損益分岐点ってものがあるからね。もしかすると、そこですでに差がついているのかもしれないな」

J君「同じ業界なら、損益分岐点は同じようなものじゃないですか？」

課長「業界特有のパターンはあると思うが、細かく見るとかなり違いがあるものなんだよ」

前提が変われば損益分岐点も変わる

すでに損益分岐点について触れてきましたが(P124)、便利なツールでもあるのでもう少し詳しく見ていきましょう。この損益分岐点は、CVP分析と呼ばれます。Cはコスト、Vは売上、Pは利益です。収益を管理するために必要な分析として、コスト、売上、利益の関係を見ていこうという考えです。

予算が決まって年度がスタートしたあとでは、いまさらコストの見直しはできない、と考える人もいるかもしれません。ですが、この分析のための前提をよく見ていくと、そんなことはないとわかるはずです。

前提とは、コストの捉え方です。ここでは、直接原価計算で考えます。**コストは、固定費と変動費にはっきり分けられる、という前提**です。固定費とは、売上高の変動に影響されず、一定の金額がかかり続けているコストです。たとえば、家賃はそこでどんなビジネスを展開していようと一定です。変動費は、売上高の変動に応じて変化するコストです。たとえば、梱包費用は、出荷数が増えれば増え、減ったらその分だけ少なくなります。

実際には「これはどっちだろう」と悩む費目もあると思いますが、とにかくキッパリ、分けるのが前提です。そのため、たとえば、年度がスタートする前には固定費だったものを、その後、変動費にすることで、損益分岐点を動かすことができます。正社員(固定費)を増やす計画をやめて、アルバイト(変動費)を増やすといったことも同様です。

在庫が増えると損益分岐点は変わる？

また、この**ＣＶＰ分析では、「作ったものは売れる」が前提**になっています。生産した製品と販売した製品の数は同じということです。

ですが、これも、現実にはなかなか難しいことではないでしょうか。「契約したと思った相手が急にキャンセル」などよくあることです。また、「契約は増えているのに、製造が追いつかない」といったこともあり得ます。このように、状況が流動的なときには、正確な分析はできません。つまり在庫の概念を入れるとたちまち、シンプルには考えにくくなっていくのです。とはいえ、「前期に製造した在庫」がある場合、それを当期で販売するわけですし、当期で発生した在庫は次期で販売するはず。そう考えたとき、「いま在庫が増えている」といったことは、考慮しなくてもいいと考えることもできます。この結果、1台も売れず在庫が積み上がっていても、限界利益がプラスになっている状態もあり得るのです。

これは管理会計の考え方だからこそ可能なもので、財務会計では在庫は大きな問題となってのしかかってきます。この点でも、財務の視点で考えるのか、経営の視点で考えるのかで、判断は大きく変わる可能性があります。

経営の視点ではいち早く決断しなければならないこともあります。たとえばライバルが価格競争を仕掛けてきたとき、どこまで価格を下げられるか、といった問題です。綿密な計算をしている時間はないので、損益分岐点から価格を割り出すことになります。

〈利益を意識しよう〉

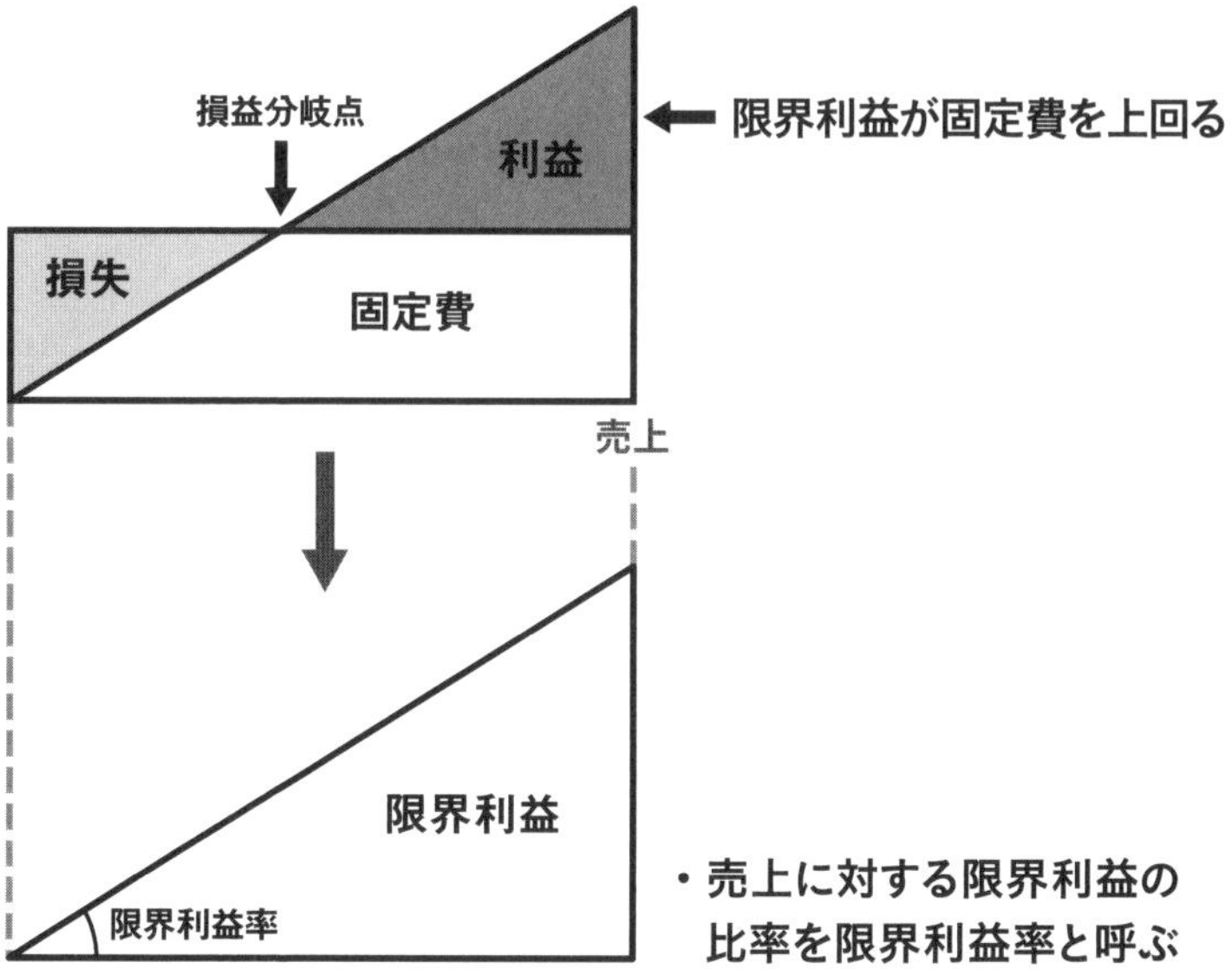

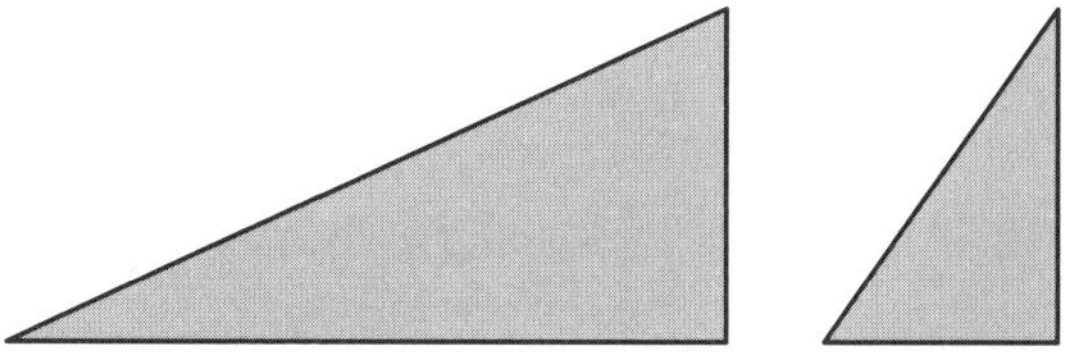

限界利益率が低い場合。
固定費が大きいビジネスの特徴。損益分岐点を超えるために大きな売上が必要になる。

限界利益率が高い場合。
固定費が少なく、損益分岐点が低い。

CHAPTER 5-07

利益を取るか売上高を取るか？

利益と経費の構造を考えよう

なぜホテルは格安の部屋があるのか？

課長「今度の出張、ホテルは取れた？」
H君「はい。運良く、格安のが取れましたよ。ラッキーです。出張費が浮きますね」
課長「それはよかった。ちゃんとしたホテルなんだろうね」
H君「もちろんですよ。海外の旅行者にも人気で、なかなか取れなかったんですけど、ここなら先方の工場まですごく近いですから」
課長「しかし、どうしてそんなに安くできるんだろうな。そもそも宿泊料金ってどうなってるんだろう」
H君「確かに……。うちの製品は、そう簡単には値下げなんてできないですよね」
課長「そう。おそらく、ホテルは変動費が少なくて、固定費が大きいんだろうね」
H君「固定費が大きいと格安にできるんですか？」
課長「その部屋を空けておくよりも、宿泊客を増やした方が利益になるんだよ」

売上を増やす要因、利益を増やす要因

損益分岐点はわかりやすいので、現実とは少し違う部分もあるとはいえ、経営戦略を考え、今後の予算を考えるときにはとても便利です。また予算遂行中に部門だけで打てる手を探すときにも、考え方を整理する上で役立ちます。

ホテルは固定費が大きく占めているので、損益分岐点はP147の図でいけば右側に寄る傾向があります。つまり売上を確保しなければ、利益が残らない可能性が高いのです。だからホテルの優劣を見るとき客室稼働率が参考になるわけです。同時にずっと先までの予約客の確保が重要となり、そのためにブランドの確立を重視しています。

もしも**固定費を下げることができれば、それだけ損益分岐点は左にズレていきます**ので、少ない売上でも利益が出やすくなります。もしも、ホテルで集客力があまりない場合は、固定費を減らす経営をしなければ生き残れないのです。

利益を増やしたいと思ったら、損益分岐点の位置は左寄りで、なおかつ急角度で利益が増えるような構造が求められるでしょう。どうすれば角度を急にできるのか。それは変動費の角度(変動費率)を下げることです。変動費には、材料費、外注費、荷造包装費のほか、残業手当、歩合なども入ってきます。手当を減らすとモチベーションも下がるので、別の変動費を圧縮することを考えなければなりません。

しかし、実はどの企業もここに手をつけるのはなかなか大変です。

ムダをなくしていく効果

とはいえ、変動費は、売上に応じて増減する点で厳しくチェックすることが難しい費用だとも言えます。取引先に値下げ交渉をする以前にやれることもあるのですが、そこが見えにくくなっている場合も多いのです。その多くが長年の慣行であったり、業界の常識であったりもするので、手をつけにくい費用も現実にはあります。

たとえば、発注数。売上高に応じて変動するとはいえ、発注のタイミングや一度に発注する量を変えることで費用を減らせる可能性はないでしょうか。仕入れ部分では、長年のやり方を急激には変えにくいこともあるとは思いますが、少し視点を変えるだけで、大きく費用を抑制できる可能性もあります。

また、販売時のムダな値下げや、ムリな販売の反動による返品を抑制することも、努力しだいで可能です。在庫についても見直しをすることで変動費抑制につながることもあります。在庫は、倉庫代、横持ち（販売拠点間の輸送）なども発生し、適正な在庫は必要ですがムダな在庫は費用を増やしてしまうのです。

このように、基本中の基本ともいえる損益分岐点をしっかり活用することで、**経営改善、予算策定、さらに予算達成にもいい効果を発揮する**ことでしょう。

〈固定費を下げられるか?〉

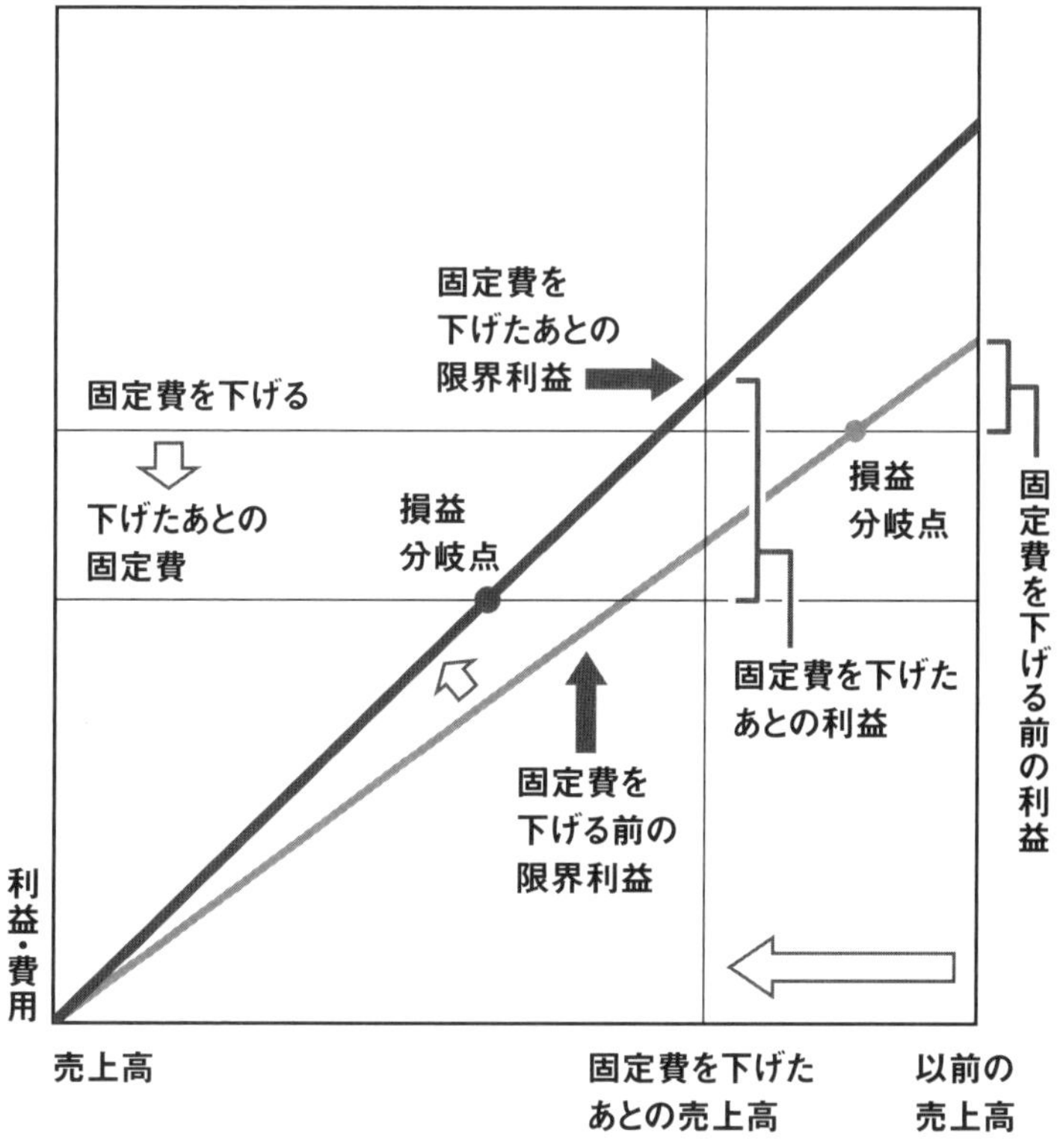
固定費を
下げたあとの
限界利益
固定費を下げる
下げたあとの
固定費
損益
分岐点
損益
分岐点
固定費を下げた
あとの利益
固定費を下げる前の利益
固定費を
下げる前の
限界利益
利益・費用
売上高
固定費を下げた
あとの売上高
以前の
売上高

人件費から仕事を改善する

適正な人数なのか、適正な仕事なのか

人数が足りないのかスキルが足りないのか？

D君「課長、大変な失敗をしてしまったかもしれません」
課長「なんだ。どうした」
D君「予算達成のためにキャンペーン要員としてバイトを4人入れたんですけど、うまくいかないんです。もっと人数がいるかもしれない……」
課長「なにを言ってるんだ。そんなに雇うお金はないぞ」
D君「もともと、このキャンペーンの戦力としてバイトではムリだったのかなあ」
課長「人数の問題なのか？　それとも君たちが使いこなせていないのか？」
D君「使いこなす……」
課長「マニュアルに不備があるんじゃないのか？　余計なことまでやらせていないか？　バイトがちゃんと力を発揮できる環境になってるのか？　たいがいの場合、バイトの問題はその人の問題よりも、活用するこちらの問題なんだよ」

人件費は変わらないから改善できない？

予算管理では固定費として扱われる人件費ですが、派遣社員を増やす、アルバイトを増やすといった方法で、人件費の一部を変動費にすることも不可能ではありません。しかし、人に関わることですから、ある程度の期間は同じ人件費で対応していくことになります。ここがあまり変動しすぎると経営そのものが難しくなってしまうでしょうから。すると、「この費用はもうこれ以上、触れない。ほかの問題を優先しよう」と考えることになります。果たしてそうでしょうか。

たとえば、ベテランの営業担当者は、固定客が多いので安定した売上を見込め、新人は新規顧客中心となりやすく、売上は不安定といったことは、誰でも推測のつくところです。このように、仕事にもよりますが、仕事への習熟度、そして足りない部分を補う仕組みによって、同じ稼動時間でも成果は大きく変わってくることがあります。

冒頭の例では、アルバイトを受け入れる側が甘く考えていて、なにをどこまでやってもらうかを含め、きちんとした受け入れ体制が整っていなかった結果、「人数が足りない」とパニックになっているわけです。この状態では人数を増やしても成果は期待ほど高くならないでしょう。中には「使えないな」と簡単に決めつける人もいるでしょうが、本来、使えない人などいるはずがなく、そのように仕向けているのではないでしょうか。TOC（P132）のように、**ボトルネックを中心に考えていけば効率は向上していく**のです。

るそうです。

本当に生産性が低いのか？

商品の販売店舗では、販売員と店の売上高から、1人当たりの売上高が計算できるでしょう。有名なチェーンなどでは1時間当たりの売上高を計算して、生産性の向上に役立てているそうです。

人件費に踏み込んで考えていくのは経営者の発想ですが、現場では、いまいる人員の働き方を変えていくことで、生産性を高める工夫をしていきたいところです。これは、飲食店など曜日によって忙しさが大きく変動する職場での人員配置についても言えることです。

たとえば、作業を「人時」で計測しておきます。3人で6時間かかる作業は、3×6で18人時とします。ですが、同じ18人時の作業を、1人で18時間かけてやってもできます。6人で3時間でやることも可能です。となると、**重要なのは人数だけではなく、その工程にかけられる時間も重要です。**とにかくずっと張り付いていなければ困る場合と、作業さえこなせばいい場合とでは、考え方も変わってきます。現実には、その両方が組み合わさっていることも多いでしょう。飲食店で仕込みの時だけバイトで増員し、単純作業を短時間ですませ、開店時には閉店まで接客できる人員で運営する、といった考えもできるわけです。

日本の労働生産性は低いというのですが、現場では各人がコスト意識を持って、より生産性を高める工夫をしていくことで、成果を高めることができます。

労働分配率の高い仕事ほど、こうした部分での工夫が大きな差になります（P90参照）。

〈人件費に関わる考え方〉

①人件費とは？

- 総額人件費
  - 現金給与総額
    - 所定内給与
    - 時間外手当
    - 賞与・一時金
  - 現金給与以外の人件費
    - 退職金など
    - 法定福利費
    - 法定外福利費
    - 現物給与
    - 教育訓練費
    - その他

※その他＝募集費、従業員の転勤に際し企業が負担した費用（旅費、宿泊料等）、社内報・作業服の費用（業務遂行上特に必要と認められている制服等以外のもの）、表彰の費用など。

②1秒当たりの人件費を計算してみよう

1年の総人件費÷1年の総投入時間 総投入時間＝年間稼働日数×勤務時間（8時間）×人数

例：総人件費2億円の企業で、年間稼働日数250日、勤務時間8時間、人数32人

200000000÷64000＝3125

つまり1時間3125円。1分52円。1秒約1円と考えることもできる。

つまり、会議に10分遅れたら、520円の損失、と考えることもできる。

③適正人員

売上高人件費率（%）＝人件費÷売上×100

労働分配率（%）＝人件費÷（売上額×利益率）×100

※売上額×利益率は、売上総利益または付加価値ともとらえられる。また粗利益で代用できる。

この労働分配率は、業界によっても違いますが、30%以下が優良。40%以上は注意すべきとされ、50%を超えていくと人件費の経営に及ぼす影響が大きいのでできれば改善を図りたい水準と言われています。接客業は50%超になりやすく、人の問題がそのまま経営のテーマとなっています。

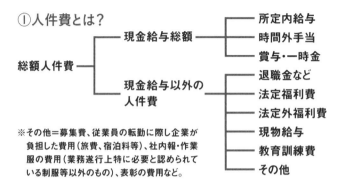

CHAPTER 5-09

サンクコストの深い闇

勘違いや思い違いを防ごう

元を取りたい？

P129でサンクコスト（埋没原価）について触れていますが、この考え方は勘違いや思い違いをしやすいので、もう少し深く考えてみましょう。

サンクコスト（sunk cost）、つまり埋没費用とも言われる考え方です。**サンクコストは投下した費用（投資）のうち、事業を清算するとしても回収できない費用**のことです。マイナスな話ですが、いい解釈をすると、このあとどのような戦略を取ったとしても変化しない費用（原価）のことです。通常は、戦略であったり行動を変えると、それにつれて費用も変化するので、成果から得られる利益を考えたとき費用（原価）をにらんで、損か得か、と考えていくことになります。

もはやサンクコストは投じられて元には戻せないので、このあとなにをしても（たとえなにもしなくても）変化しません。たとえば、映画を見に行こうと電車に乗って映画館まで行ったら、超満員で入ることができなかった、といった場合の電車賃がサンクコストです。

〈だってもったいないじゃないか！〉

A「プロジェクトが白紙になったんだって？」

B「そうなんだよ。2週間かけて作った資料がパーだよ、まったく。時間を返してほしいよ」

A「気の毒だったけど、どうにもならない。次のプロジェクトに向かおうよ」

B「今度のプロジェクトに、ぼくが調べたあの技術をどうしても活かしてやろうと思うんだ」

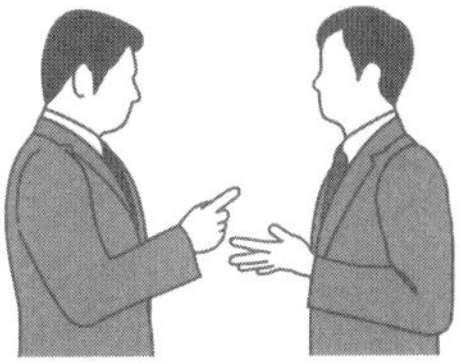

A「どうして？　使えるかどうかわからないのに？」

B「だって、せっかく2週間もかけて調べたんだよ。もったいないじゃないか！」

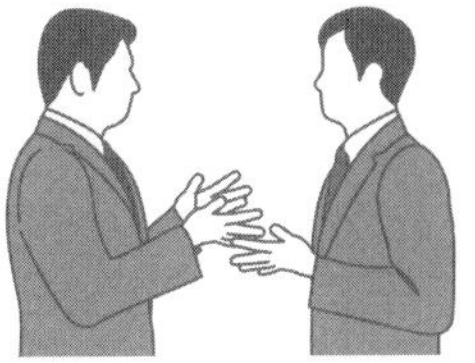

もったいない……。でも、すでに終わったことです。埋没費用（サンクコスト）は、経営の判断に影響してはいけない費用とされています。上記のように、たとえ次のプロジェクトにむりやり、白紙になったプロジェクトの技術を加えることを考えるぐらいなら、白紙に戻して検討したほうがベストの技術を採用できるはずです。すでに失った2週間が「もったいない」という気持ちだけで、判断を間違えてはいけないのです。

サンクコストは判断材料にしない

人間は後悔するものです。せっかくの休みだからと入った映画館。映画を見ていたら、それがまったくおもしろくなかったとしても、入場料を払ったので最後まで見てしまう。もしかしたら、途中でやめてほかのことをすれば、もっと休みを有効に使えたかもしれないのに。入場料が惜しいのです。でも、考えてみれば、つまらない映画を最後まで見たところで入場料が戻ってくるわけでもないのですから、まったく合理的とは言えない行動ですよね。

埋没原価では値引きに関して考慮に入れない費用としましたが、サンクコストは基本的に、ビジネスの判断では考慮しない費用のことです。なにをどうしても取り返せないのですから、そこにどんな思い入れがあろうとも、そのために判断を歪めてはいけないのです。

たとえば、人件費。すでに採用した人員で仕事をしていくわけですから、その成果が思うように出ないからといって過去に遡ってリストラすることはできません。すでに払った給料を返還しろとは言えないのです。予算管理の上でも、「この目標を達成するために、この設備が必要」と考えて導入したものの目標が達成できなかったからと、返品するわけにもいきません。失敗したのですから、考えを改めて成功することを目指すべきです。購入した設備を転売できないか、別の事業に使えば元が取れるんじゃないか、といった発想は必ずしも前向きとは言えません。もちろん批判はされるでしょうが、取り返せないものにこだわっても将来は描けないのです。

CHAPTER 6

予算遂行のマネジメント

CHAPTER 6-01

毎月PDCAでチェックする

「予実差」が問題

予実差をチェックする

課員「課長、上と随分ながく話し合っていましたね」
課長「じつは、予実差で、大きくマイナスがでたんだよ」
課員「こんなにみんな頑張っているのにですか」
課長「いや昨年は、この時期にスポットで大口受注があったんだ。それをそのまま今年も期待して組んでいるんでね。まあ、しかたないけどね」

トップダウン型であれボトムアップ型、折衷型であれ、中期経営計画が策定されて各部門では1年間の「予算」が作成されます。これは**経営者と部門責任者のコミットメント（約束数字）**といっていいでしょう。部門責任者は、この数字を達成するために部門を管理します。その基本は月次決算のチェックであり、そのための手法がPDCAになります。

予算と月次決算（実績）を部門ごと、勘定科目ごとに毎月比較し、差異のあるもの（予実差）

については、「どういう理由で差異が発生したか」を分析します。業種業態によって、セグメント会計（P56参照）による数字も重要な分析対象になります。たとえば自動車ディーラーなら販売台数、飲食店ならば坪単価などです。

ズレについてはプラスマイナス5％以上がシグナルでしょう。もっとも始めたばかりのころには、予算作りの精度が低いために、予実差の実態は、予算の計上ミスということも多いものです。予算の精度を上げることも重要な仕事になってきます。

予算管理は「ＰＤＣＡサイクル」で回します。経営トップもミドル階層も、現場も、一人ひとりがこれを意識して仕事をすることは重要です。これがうまく回転している会社は、明らかに高効率といっていいでしょう。短期事業計画でみれば、Ｐが予算策定、Ｄが月次決算の数値に当たります。後のＣとＡが予算管理になります。Ｃの段階で、大きく差異が生じるということは、工場などで不良品がでたら警報がなってラインが止まる事態のようなものです。こういう警報装置がなく、見過ごしていれば、大変なことになってしまいます。予算管理も同じ。**どの程度の差異が問題かという「警報装置」を築いて「見える化」**しておき、作動したときには、原因を分析して対策を検討し実行するべきです。なお、そうはいっても現場でできることには限りがあります。リーマンショックのような大きな環境変化による事態の悪化には、全社的に取り組むことになります。

機会損失が出ているかの判断基準

月次決算をできていない会社の問題点として、決算書ができるまでに時間がかかりすぎて、うまく手が打てないということがあります。業種業態によって一概にはいえないものの、概ね月末締めであれば、翌月の5営業日には用意したいものです。月次決算書は予算管理の土台です。これが遅れるほど打つ手も遅れ、場合によっては手遅れになってしまいます。経理部門の能力を高めるとともに、各部門も経理部門に協力して、迅速に月次決算をとれる体制にするべきです。

全社的な予算管理の要点は、このまま経費をかけて、その事業を続けていても売上は上がらず、大赤字になりそうだと判断したら、その事業を中断して、別の対策をとることにあります。なんらかの理由で事業の中止が不可能なら、予算よりもダウンしそうな売上に合わせた人件費、経費の削減を実行すべきです。

あるいは、売れ筋商品が欠品するなどで、機会損失が出ているならば、代替商品を仕入れるなどで対応します。即ち「大赤字になりそうだ」「機会損失が出ている」と判断した場合に、**対策を立てて実行するのが、予算管理のポイント**です。学校の試験勉強に例えれば、月例テストの結果で弱点を知り、その弱点を補うのです。部門レベルでは、できる範囲は狭まりますが、取引先の見直し、販促策、人員の問題などで対応することになります。

〈月次でPDCAサイクルを回す〉

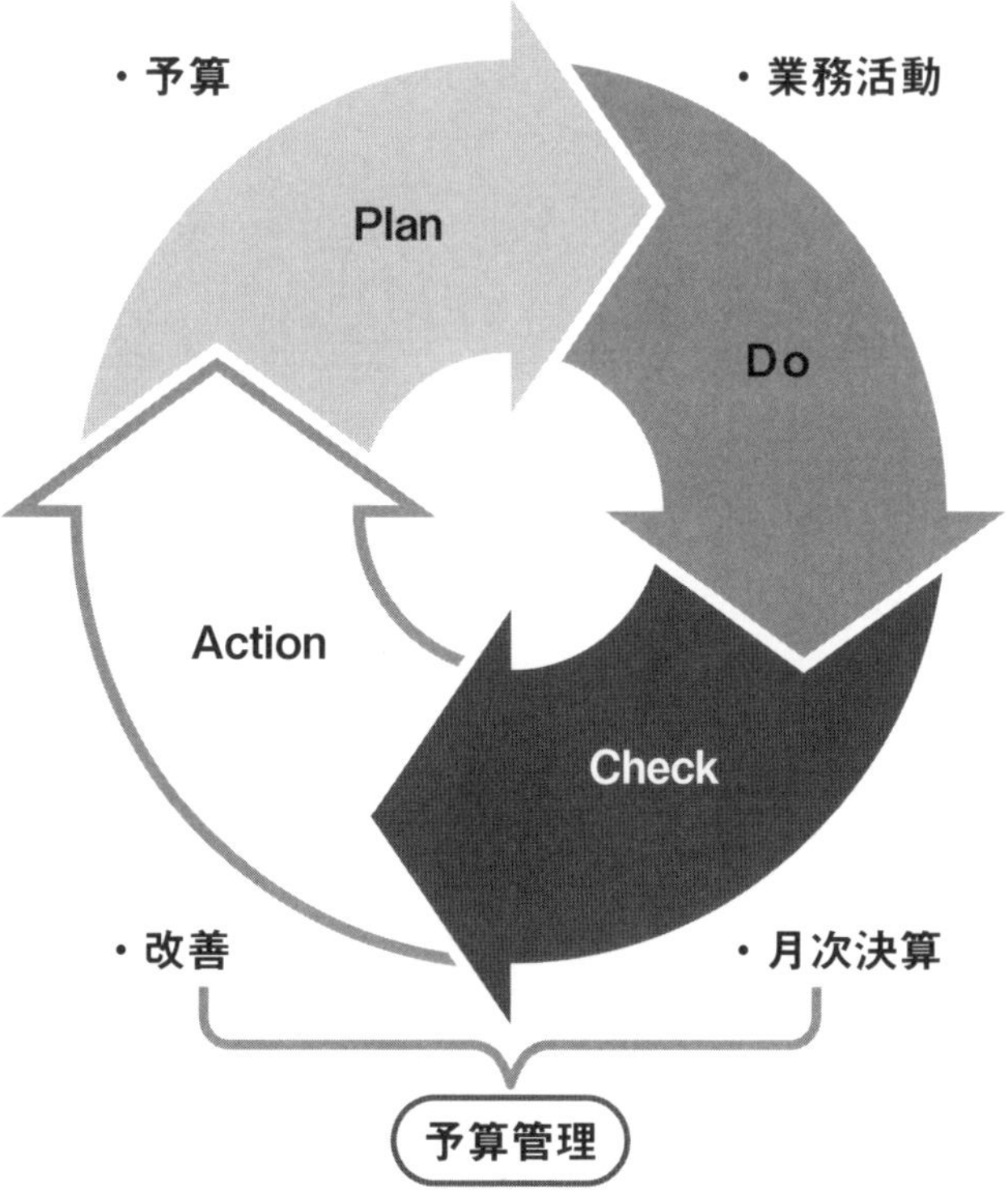

・予算管理を学校での試験勉強に例えると

月次決算---採点と答案の見直し
改善処置---弱点箇所をなくして次に備える

CHAPTER 6-02

毎日、損益をチェックする日々収支

日次決算の例

ハマキョウレックスの日々収支

予算管理は月次決算で差異を見て、改善策を打つのが基本ですが、これを毎日やっている日々収支の会社もあります。

静岡県浜松市に本社がある物流業大手ハマキョウレックス(大須賀正孝会長＝創業者)がそれで、企業の物流一括受託、3PL（サード・パーティー・ロジスティクス）の先進企業です。同社が日々収支を行うようにしたのは40年前のことです。創業時に起きた事件を教訓にしたそうです。

経緯を見てみましょう。

創業者が脱サラして運送業を起こし、軌道に乗りかけた70年代半ばに大口の取引先が倒産、その連鎖で同社は借金を抱え込むはめになります。与信管理という発想もないまま、受注を受けていた煽りでした。営業所を新設し銀行からの借り入れもしたタイミングで、不良債権を抱え込むことになったのです。

「1日1000円生活」の知恵

会社は火の車です。創業者は、取引先に支払いを先延ばしにしてもらうなどの施策をとるとともに、自分の給料を3分の1の15万円に下げました。赤字を抱えたのは社長の責任ということです。そこから家賃と光熱費他を除くと、残りは3万円だったといいます。ふつうの発想ではとてもやっていけない額ですが、創業者は、家族の反対もおしきって、それでやり繰りすると宣言しました。

そこで浮かんだ知恵があります。給料日に、その残りの3万円を**すべて1000円札に両替して、1日1枚の1000円で生活する**というやり方です。たとえば子供に800円の物を買えば、食費として残るのは200円。食事はごはんとみそ汁だけ。そういう日々も続きました。こうした状態を9カ月続けたあと、ある程度借金を返済し、給料はある程度戻すことができたといいます。

そして、この経験から創業者が学んだことはこうです。「売上を上げるのは簡単ではない。いろんな手を打たないとできない。しかしコストというものはやり方次第でいくらでも抑えられる」ということです。これが後に紹介する同社の物流センターのコスト削減ノウハウ(「日々収支」)の原点になった出来事です。はじめから支出額を決めてしまえば、無駄なものは買えなくなる。コスト削減も同じことで、予算が潤沢だとその範囲でやってしまう。しかし予算を決めてしまえば、人は知恵を絞ってその範囲でやろうとするということです。

全員参加で見える化

こうした発想で生まれたのが、同社の「日々収支」という日次決算です。それまでは同社も、業界のご多分に漏れず会計は、〝どんぶり〟勘定で行っていました。受注した金額からドライバーの人件費と燃料代を引けば、残るのが利益という考え方でしかなかったのです。しかし費用は他にも発生する。車輛の保険代や償却費用、管理費などです。こうしたコストを意識せず、儲かっていると思い込んで受注していると、後で痛い目にあうことになります。

そこで同社では**日々収支を「全社員参加型」でつける**ようにして、しかもオープンにしました。いわば日々の実績の「見える化」です。そうすることで、社員は自分の仕事が儲かっているなら、自信を深めもっとがんばろうという気になる。逆に赤字ならば、挽回するために工夫をするようになっていったのです。

90年代に同社は、大手流通業のセンターの運営と配送を一括で請け負う事業（3PL）に乗り出します。最初はコンペとなり勝ち抜いたわけですが、その時点では最も小さい企業でした。そんな企業が受注を取れた理由の1つは、コストダウンの中身を全て見せてプレゼンを行ったからです。日々収支の経験から「なにをどうすれば、どれだけ減らせるということ」を、顧客に迅速に〝見せる化〟することができて信用を得ました。そこから急成長を遂げたのです。

〈創業者のコスト削減の知恵〉

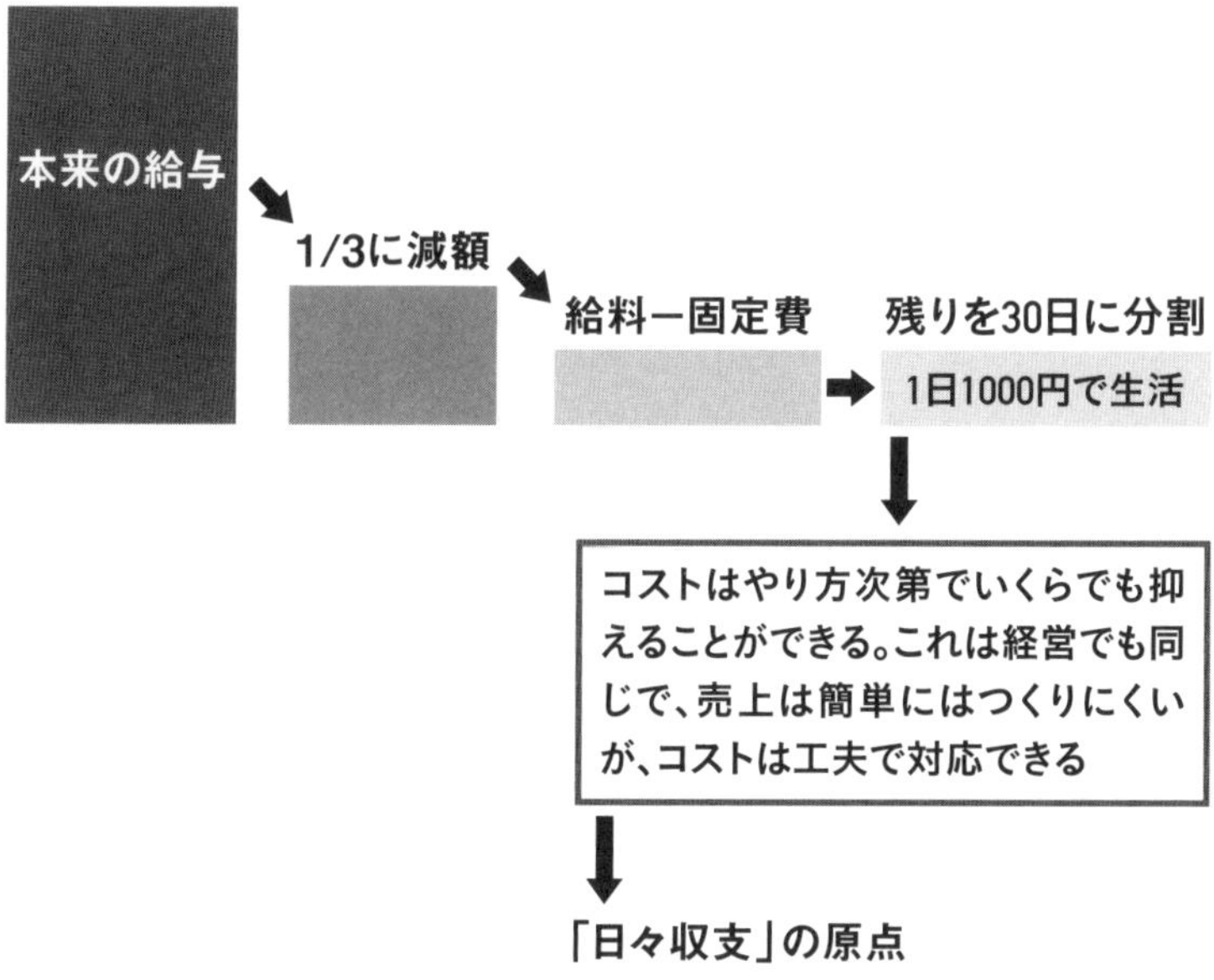

CHAPTER 6-03

本部と連携し翌日に手を打つ

夕方に送付し翌日昼には話し合う

日々収支は、各物流拠点のセンター長がつける毎日の簡便な「損益計算書」です。ハマキョウレックスでは決まった「ひなガタ」はなく各長が自分で考えて作成します。なぜそうするかというと、標準的なものがあると上からの押しつけになり、数字合わせをしてしまう弊害が起きるからです。様式にも工夫が求められています。

日々収支の内容は、売上(荷物の処理数)、人件費(パート及び運転手)、燃料費ほか、前年の実績ベースで計算した1日の固定費(トラックの減価償却費や補修費)などで作成します。夕方には本部へ送付して経営幹部が分析し、翌日の昼には本部から各センターへ連絡が届きます。そこで**改善すべき点があればすぐに話し合い、手を打つ**という仕組みです。荷物数が目標数値に達していなかったなら、翌日にはパートの配置人数を増やして対応。機械の故障によるロスなら、次はもっと早く直せるように業者を呼んで手を打つ。本部と連携して素早い改善策(A=アクション)が打てるのです。

〈日々収支の仕組み〉

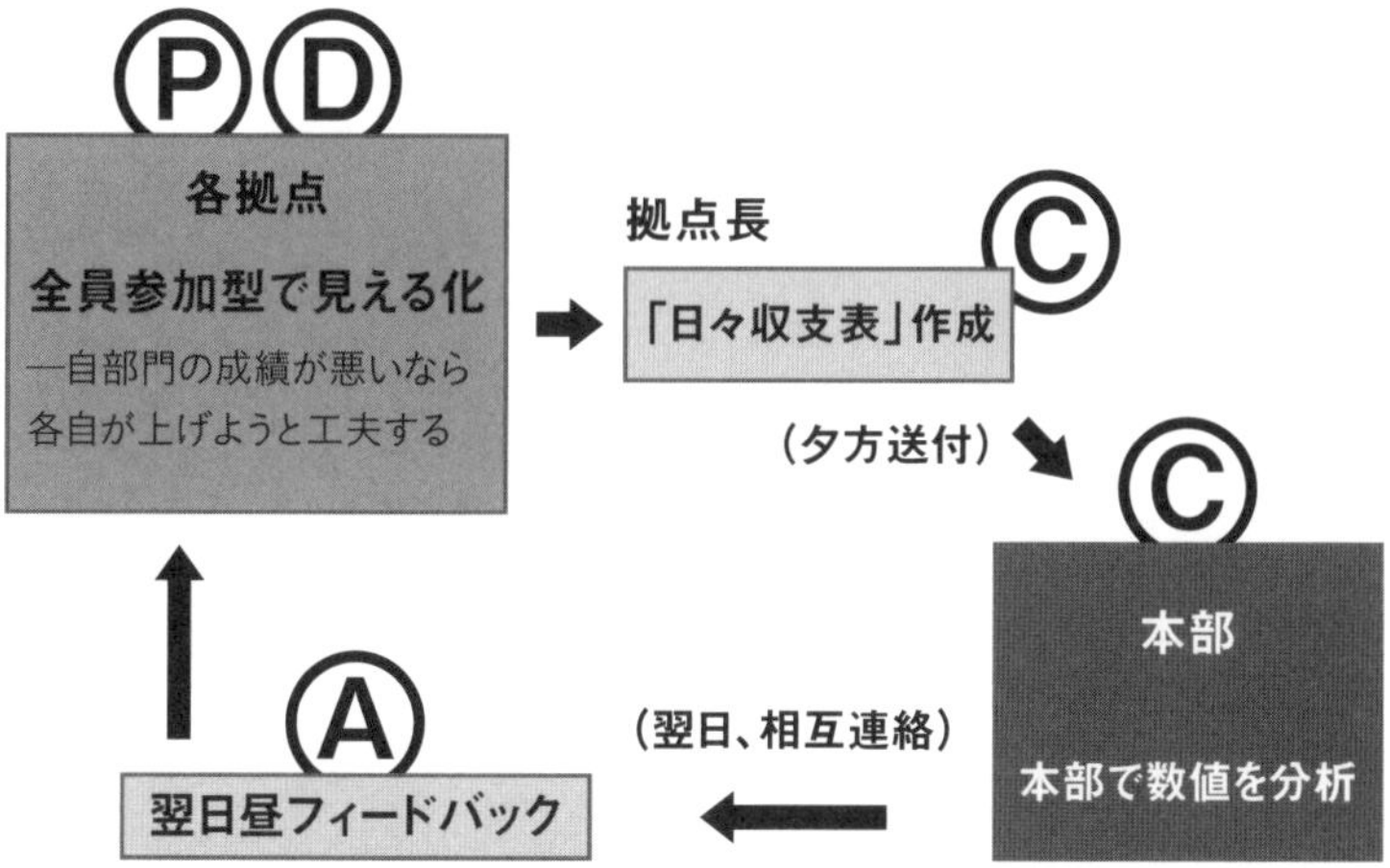

・改善点があればその日に手を打つ

機械の故障で時間のロスが起きたら、次はすぐ直せるように、業者に連絡して故障箇所の部位のパーツを事前準備しておくなど---毎日PDCAが、課題を全員周知（日々収支はオープン）のもとで回っている仕組み

CHAPTER 6-04

未達成者の指導では、行動の中身を見る

気合いと根性はNG

営業の行動をプロセスに分解してチェック

課長「M君、なんだ、この数字は。また今月も未達ではないか」

M君「すいません。いろいろありまして。頑張ってはいるんですが、うまく受注にまではいけなくて」

課長「言い訳はいい。だいたい君は、日頃から気合いが足りないんだ。もっと気合いをいれたまえ」

営業の月例報告で、よくあるシーンです。しかし今のご時世では、「気合いや根性」を説いても数字は上がりそうもありません。上司の指導が根性論になっていては、対策の打ちようもありません。なぜこうなってしまうのかといえば、上司が結果だけを見て話しているため、なぜ部下の業績が上がらないのかが、実は分からないのです。部下の方も同じで自分はこんなに頑張っているのに、なぜ結果が出ないのか、わかっていません。

こうした際の指導では、なぜ目標が未達成になるのかの原因を探る必要があります。営業ですので、原因は行動にあります。

営業の世界にはセールスプロセスというものがあります。主にB to Cの営業で、アポイントをとるところから始まって、契約に至るまでの流れです。

即ち、**アポイント→アプローチ→ヒアリング→プランニング→プレゼンテーション→クロージング→契約（紹介）**となります。主に外資系の保険営業会社が取り入れているもので、各プロセスごとにやるべき課題があります。営業は、この順で進めないと概ねうまくいきません。営業経験のない〝士業〟の方などは、初対面でいきなり事務所の宣伝を始めたりします。これなどは、アプローチの段階でプレゼンを行っていることになります。これではうまくいきません。相手のニーズを聞かないまま、プレゼンをしても効果はありません。

未達のM君の指導でのポイントは、この各プロセスにおける課の平均的数値（半年程度で割り出しておく）と、M君の数値を比較して見るべきです。たとえば、月間の平均のアプローチ件数が15件なのに、10件しか行えていないならば、アプローチ数が不足していることになります。平均並みにアプローチしていても次の段階のヒアリングが平均以下なら、そこに課題があるのです。まずは行動を分解して、原因をつきとめることが重要です。

各行動にKPI（重要業績評価指標）を当てはめる

セールスプロセスに、具体的な数字を当てはめてみましょう。新規契約数の年間目標（予算）が、1人当たり100件とします。この場合は、およそ週2件の契約をとることが必要になります。セールスプロセスを契約段階から逆に見ていけば、初めの方へいくほど行動の難易度は低くなり、そのぶん回数は増えていきます。したがって週に2件の契約をとるには、週3件のクロージングが必要で、そのためには同じく、4件のプレゼンテーション、5件のプランニング、8件のヒアリング、15件のアプローチ、30件のアポイントが必要なことが分かります。

元生保業界のマネジャー（現コンサルタント）によれば、**「週報」で各営業マンの数値をチェックすれば行動の中身が見えてくる**そうです。いわば、これらの数値をKPI（重要業績評価指標）ととらえ、行動管理すれば、課題が分かってきます。たとえば未達成の原因は、気合いが足りなかったのではなく、ヒアリング（件数が8件以下）がうまくできていない、となります。課題が分かれば、それを改善する（件数を増やす）指導をすればいいのです。

なおこの目標数値の入ったセールスプロセスは、営業活動をスムーズにするスケジュール表にもなります。プレゼンテーションが重なったことで、アポイントをとる時間がなくなり後で困ることがないように、週単位で数値を見ながらバランスよく行動することにもつながります。

〈セールスプロセスに沿った数値目標〉

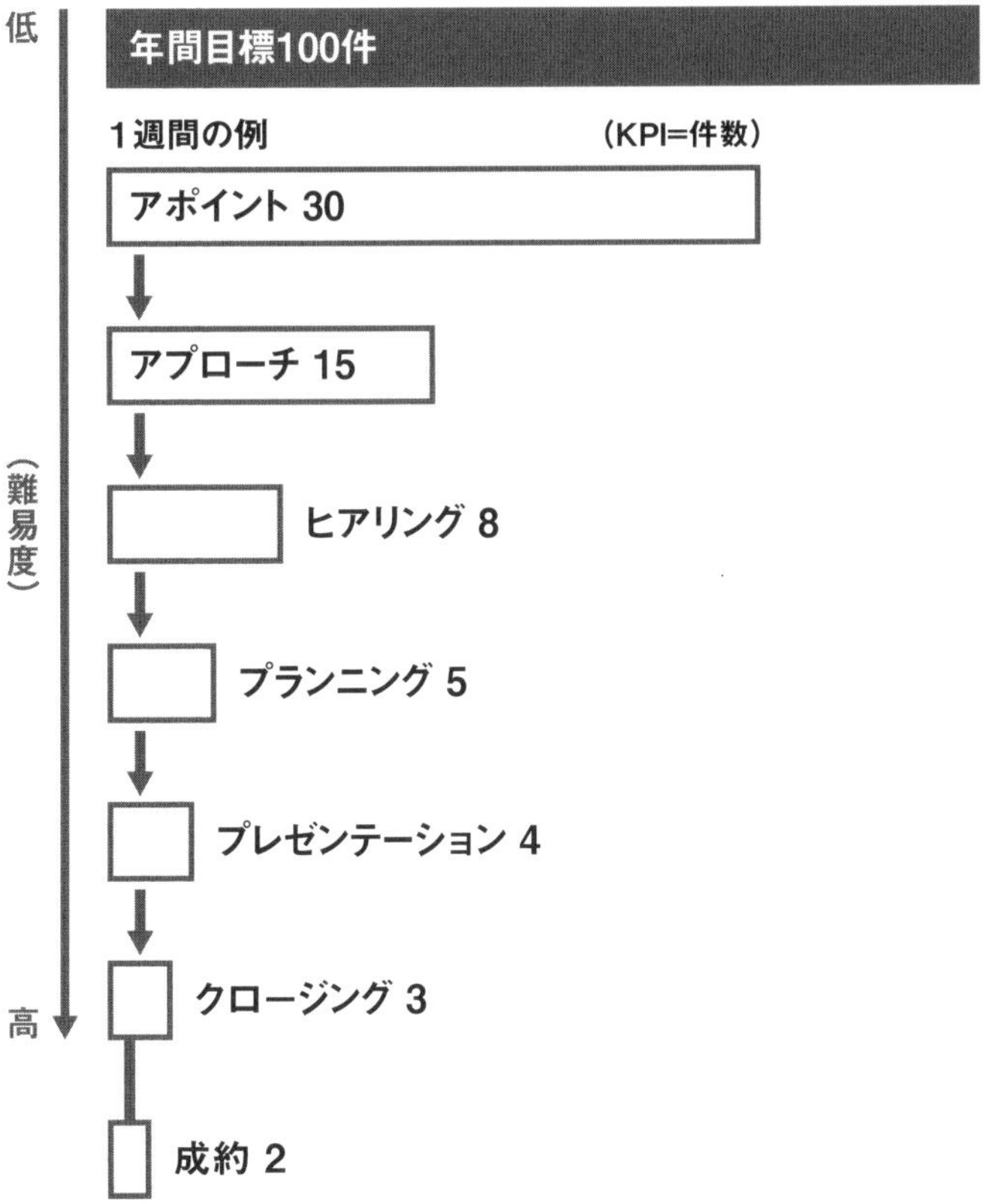

CHAPTER 6-05

できない営業の問題は見込み客不足

アプローチに時間がかかる

できる営業とできない営業で比較すると―

事務員A女史「ことしの新人のY君って、すごくはりきりボーイですね。毎日、朝から晩まで飛び回ってがんばっていますよね」

課長「その点は、そうなんだが、どうもねえ」

事務員A女史「え？　彼は、すごくがんばっているんじゃないんですか」

課長「いや、がんばってはいるんだけど……、その割には結果がついてこないんだよ」

前項で、営業マンの行動を、プロセス別に分解してみれば、課題が見えると指摘しました。属人性の強い営業のことですから人によって行動に違いがあります。ですが一般的に見て、**できる人とそうでない人の差は明確**にあります。それがP173の図です。先に「週報」チェックの指摘をされたコンサルタントの属する会社と米国のボストンコンサルティンググループで共同調査したものです。できる営業とできない営業を比べると、「面談のきっかけづくり」（アプローチ）の時間が3対20と大きく違うことが分かります。

「一生懸命がんばっている」の罠

詳しく見ていけば、**できる営業マンが最も時間を費やしているのは「顧客開拓」**であり、ここに15時間を要しています。一方のできない営業マンは7時間です。一方、できない営業マンが最も時間を費やしているのが、「見込み客化」の中の「面談のきっかけづくり」で20時間です。できる人が3時間ですので、およそ7倍の時間をかけています。その割にはヒアリング時間は少なく、商品提案はできる人の3分の1に留まっています。

冒頭のY君は、まさにこういう状態にありそうです。「面談のきっかけづくり」に多くの時間を割いており、顧客のところへ行ったり来たりで忙しくしているのです。しかし、なかなかヒアリングから商品提案へプロセスが進まないのです。

こういう営業マンは、お客様にアポイントをとって会いに行くものの、アプローチで「天気がいいですね」といった雑談をするばかりで具体的な商談の進展はなく「また来ます」と言って帰るのです。数日後に再度訪問すると、先方に「商談の件はもう少し待ってね。担当窓口がなかなか決まらないので」などと言われ、その後はゴルフの話になって、結局は翌週にゴルフのお伴を務めるはめになります。しかし、その後も商談はなかなか進まず、また訪問が繰り返される……。「セールスプロセス」を思い浮かべてみればわかるとおり、この営業マンはアポイントとアプローチの間を行ったり来たりしているだけなのです。彼の言う「忙しい」「一生懸命がんばっている」とは、その往復作業なのです。

時間配分を見て指導する

セールスプロセスで大事なことは、自分が今どの段階にいて、なにが適切な行動かを判断することです。なかなかヒアリングにステップしないのであれば、時間と労力を無駄にしているだけです。なんらかの手段を講じて次のステップにいく努力をし、それでもダメならスパッとあきらめることが大切です。営業マネジャーはプロセスを見て、営業マンが「面談のきっかけづくり」（アプローチ）に多くの時間を割いているようなら、それを修正するように指導することです。

さらに図を分析しましょう。できる営業マンは、顧客開拓に、できない営業マンの倍の時間を割いています。これは、名刺を交換しただけの人でもないがしろにせずリスト化し、メルマガなどで情報を提供する時間に充てているのです。**ITを駆使して普段から頻繁に接触を図ります**。ですからいざという時には、「ナースコール」（来てほしいと指名で呼ばれる）がかかる率が高いのです。これは営業の効率が上がります。

一方のできない営業は、顧客のリスト化や情報提供がおざなりです。顧客開拓がまずいのでアプローチに時間がかかってしまいます。たとえば、闇雲に面談を増やそうとして、午前は神奈川、午後に西東京へ面談にいくなどを繰り返します。両方とも空振りなら時間の効率が悪く予算の未達の原因にもなります。前項の数（ＫＰＩ）だけでなく、営業マンのプロセスでの時間配分を見て、無駄な行動を省き商談数を増やす指導をすることも重要です。

〈営業プロセスにかける時間と結果〉

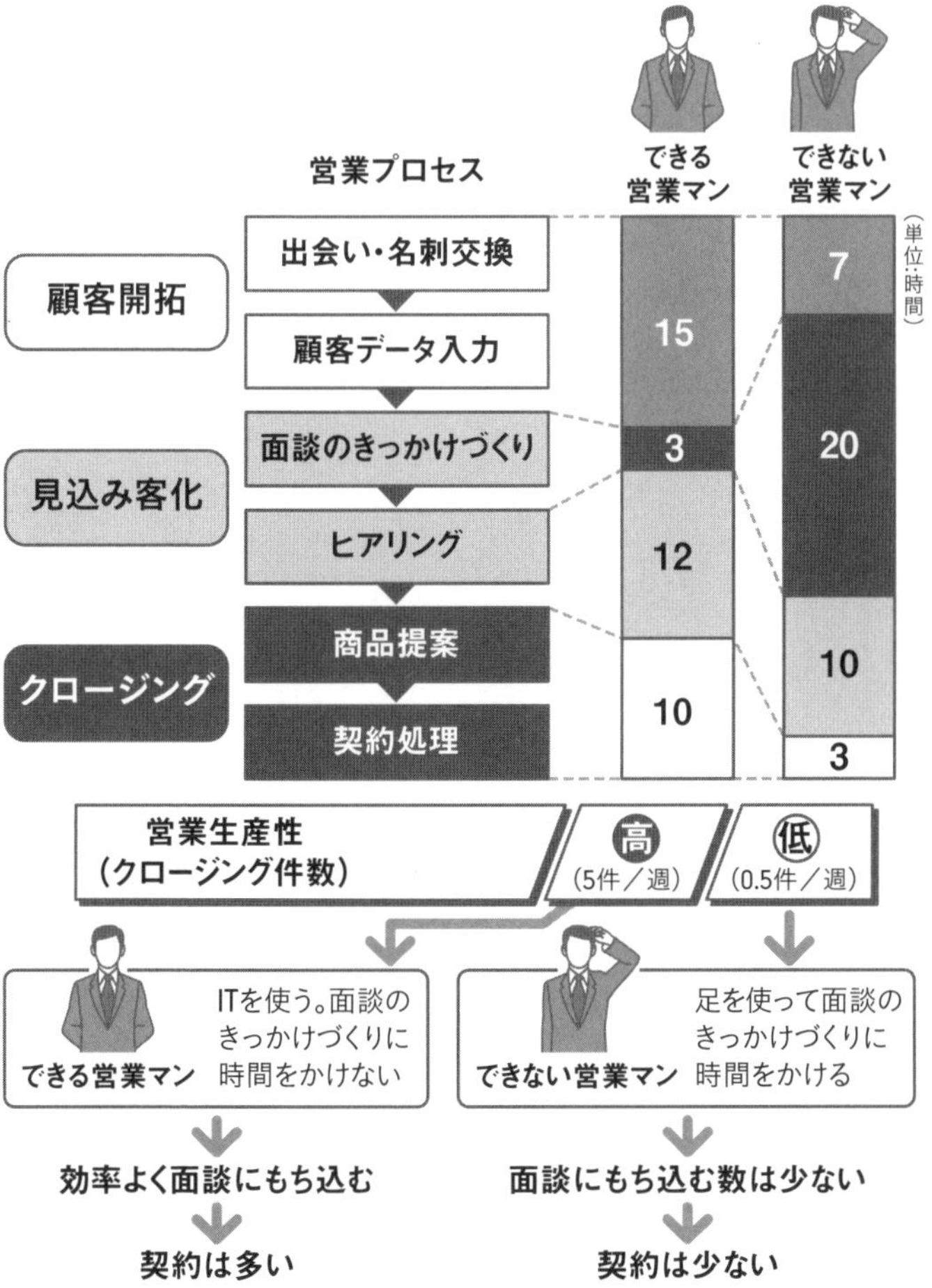

CHAPTER 6-06

利益を上げる施策を考える

現場でどんなことができるか

期中の修正はどのようにすべきか

売上や利益の確保は、全社的にも各部門にとっても喫緊の課題であり、その目標を達成するために各種の施策が立てられ、それが実行に移されます。

しかし、当初計画通りの実績を上げられるとは限らず、期中において施策や計画の修正を行わなければならないケースは少なくありません。そうした場合、現場の部課長はどのような方策を検討すべきなのでしょうか。

BtoB(対企業)取引の場合は、**新規開拓と既存顧客それぞれの取引実績をもとに、営業活動について軌道修正を行う**ことが考えられます。

新規開拓であれば、たとえば、営業先の施策や今後の方向性を分析し、自社製品のニーズのある部分に集中して提案を行って、成約の確率を高めます。既存顧客であれば、過去の発注量や発注間隔を分析して相手の変化に対応し、新たなニーズを見いだしてそれに沿った提案を行います。

いかに購買単価や購買点数を引き上げるか

BtoC（対個人）取引の場合、売上や利益を伸ばすためには、「アップセル」「クロスセル」「パッケージセル」といった手法が有効です。

アップセルとは、顧客の購買単価を引き上げる方法のことです。たとえば飲食店で、これまで900円の「並」と1200円の「上」しかなかったメニューを、「並」（900円）、「上」（1200円）、「特上」（1800円）、「極上」（3000円）にしてみるのです。

すると、以前は2段階しかなかったため「並」を注文するお客様が大部分だったのに、「上」を注文するお客様が過半を占めるようになるのです。「極上」はいわゆる〝見せ球〟で、実際にはメニューを2段階から3段階に変えた形ですが、3段階にすることによって真ん中＝「上」を選ぶ客が増えるという心理をついています。結果として、客単価が上がるというわけです。

アップセルが購買単価の引き上げを狙うのに対し、**クロスセルは購買点数の増加により売上の増大を狙う**手法といえます。

ハンバーガーショップでおなじみの「ポテトも一緒にいかがですか？」という店員の一言がその代表例です。そのほかには、スーパーのレジ前に置かれたガムやお菓子、乾電池など、レジ待ちのときに「ついで買い」させてしまうことも、クロスセルの一形態といえます。

「限定」をキーワードにしてみる

クロスセルに似た形態ですが、パッケージセルという手法もあります。**パッケージセルとは、複数の商品を組み合わせて売る**ことで、たとえば、家電量販店の〝新生活応援3点セット〟のように、洗濯機、冷蔵庫、電子レンジをまとめて、割安感が出るような形で訴求するものです。機能には大差がなくても単品では売りにくい旧モデルをセットに組み込むこともでき、副次的には在庫を一掃する効果も見込めます。

同様の事例に、リフォーム会社の〝水回り3点特別パック〟というものもあります。キッチンのリフォームを考えている顧客に、浴室とトイレのリフォームもあわせて検討させてしまうということですが、これも割安感と安心感がポイントになります。

また、顧客の心理をつくという意味では、イベントやセールで、期間限定商品、数量限定商品など、「限定」をキーワードにして購買意欲をあおることも定番になっています。

モノ余りの時代といわれて久しく、消費者の欲求を喚起するにはなんらかの〝特別感〟が必要です。そこで、「いましか買えない」「ここでしか買えない」といった訴求のしかたをするわけです。なお、情報発信のしかたもいまは多様です。それなりに経費がかかるチラシのポスティングなどよりも、会員向けのSNSによる販促(たとえば、登録会員だけに「限定」した割引やサービスがあることを告知)のほうが高い効果をもたらす場合もあります。こうしたことも、売上・利益アップのためのヒントになるでしょう。

〈アップセルのやり方〉

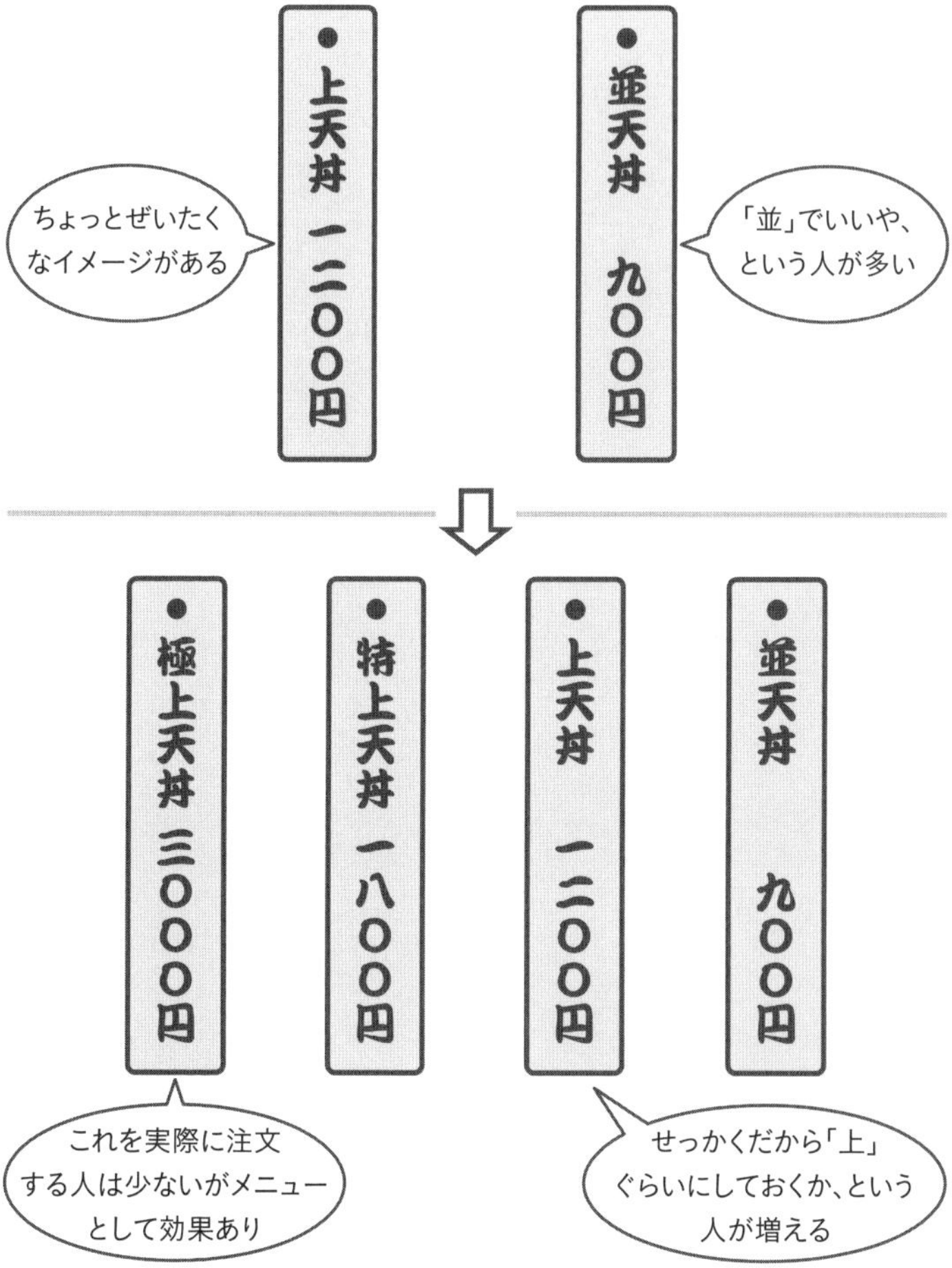
上天丼　一二〇〇円
並天丼　九〇〇円
ちょっとぜいたくなイメージがある
「並」でいいや、という人が多い
極上天丼　三〇〇〇円
特上天丼　一八〇〇円
上天丼　一二〇〇円
並天丼　九〇〇円
これを実際に注文する人は少ないがメニューとして効果あり
せっかくだから「上」ぐらいにしておくか、という人が増える

CHAPTER 6-07

飲食店の売上予算の考え方

1時間に何人呼ぶか

1時間ごとに客数、単価を区切って考える

飲食店を例に売上予算と目標達成のやり方を考えてみます。こうした考え方は飲食店に限らず、いろんな「店舗運営」にも応用がきく点があります。

売上計画を立てる際に基本となるのは、次の3つの数式です。

・売上高＝客数×客単価

・客数＝新規客＋リピート客

・客単価＝平均単価×販売個数

つまり、売上をアップさせるためには、客数と客単価を上げることがベースとなります。

まず、客数を増やすためには、新規客についてはチラシを配る、食べ方や商品の説明をすることなどが有効で、リピート客に対してはDMの送付、ポイントカード、「お客様」ではなく名前で呼ぶことなどの方策が考えられます。

また、お見送りサービスも効果があり、たとえば冬場に使い捨てカイロを差し上げて好評

を得たケースがありました。さらに、ホームページを立ち上げてお店の特色を伝える、グルメサイトへの登録、フェイスブックなどのＳＮＳを活用した口コミの効果を狙う手もあるでしょう。客単価アップのためには、セットメニューの開発などメニュー構成を変えることやサービスパフォーマンスの工夫、「プラスワントーク」でもう一品注文していただくことなどが考えられます。

一般的には、ランチタイムの単価がいくら、ディナータイムの単価がいくらと考えがちですが、ここでは1時間ごとに売上を考えてみます。たとえばＰ１８１の図のように、11時から12時までの客単価はモーニングサービスが含まれるので７８０円（客数20人）と安く、12時になるとランチ客でピークとなり、客単価が８５０円、客数25人。13時を過ぎると客足が落ち着くので、プラス２００円でコーヒーやケーキがつけられるようにして客単価を上げることが考えられます。このように**時間帯ごとに客単価を設定し、それぞれどんなメニューをお勧めするかを考えてみる**ことが有効です。

また客の滞在時間は、５００円のメニューをオーダーした場合、おおむね30分です。つまり、５００円のメニューで1時間に2回転させるのか、１０００円のメニューでゆっくりしてもらい1時間に1回転とするのかということも考慮したいところです。このように、売上を考える際には、1時間に何人の客に来てほしいか、何回転させたいか、ということからメニューを決めていくことが現実的です。

売上予測からワークスケジュールをつくる

一方で、ホールスタッフ人数についても考える必要があります。業態によって異なりますが、1時間当たりの売上に対して何人のホールスタッフが必要かで考えます。たとえば、1時間当たりの売上が0～7500円の場合は1人、7500～1万5000円の場合は2人、1万5000～3万円の場合は3人という形です。1時間ごとの売上を考えると、それに応じて人数を変えていくことになります。3人のアルバイトが出勤している場合でも、2人しか必要のない時間帯は1人が休憩に入るといった工夫をしてワークスケジュールを組みます。そうすれば、売上に対して人件費がいくらということが明確になります。

ワークスケジュールをアルバイトの希望表にしてはいけません。また、人員を絞り過ぎてチャンスロスを起こしていないか、オペレーションが適正かどうかも重要。なお、ホールスタッフの人時(にんじ)売上高は、売上÷総労働時間で表されますが、その目安は4000円、目標とするのは5000円です。

業態によって違いはあるものの、売上に占める原価や経費の目安は以下の通りです。

材料などの原価と人件費はそれぞれ30％前後で、合わせて55～60％に抑えます。水道光熱費は4～5％、消耗品費が5～6％、販促費1～3％、通信費0・5％程度で、諸経費を合わせて12～13％程度。家賃は8～10％、設備や内装工事費用など初期費用の減価償却費を10％とすると、営業利益が10％程度という計算になります。

〈1時間単位で売上を分析〉

1カ月の営業日数(26日)で売上高を計算 (円)

	1日平均売上高	営業日数	売上高
	56,400	26	1,466,400

↓

(1日の1時間ごとにブレイクダウンして考える)

時間	客数(人)	客単価(円)	売上高(円)
11:00〜	20	780	15,600
12:00〜	25	850	21,250
13:00〜	10	980	9,800
14:00〜	15	650	9,750
合計	70	805.7	56,400

時間帯に合わせて、客単価を上げるメニュー開発を行う

売上アップの販売促進策の落とし穴

新規客だけを狙うのはダメ

ただ新規客だけを呼び込む販売促進策は危険

飲食店で売上を上げるために行われるのが、チラシ、情報誌等の広告で、新規の顧客を呼び込む販売促進です。

こんな例があります、中規模の居酒屋です。開店時には地元の情報誌に掲載した広告が当たり、店は満員になりました。ここまではよかったのですが、後がいけません。一気にお客が殺到したためスタッフは対応できず、結果、クレームを受けてしまいました。にもかかわらず、この店はこれといった対策はとらないまま、客足が減ると同じ広告を続けていき、そのうち資金繰りの関係で広告をやめてしまうと客足は一気に遠のき、最後は業態転換を迫られました。ここでの失敗は、目先の売上予算だけを追うあまり、店舗の実情に合った販促策を考えず、闇雲に新規客の獲得を行ったことです。**新規客向けの販促しかやらないお店は、発展しにくい**のです。

まず販売促進策を行う前に、チェックする点があります。

1　戦略が間違っていないか

例のように客が大量に殺到すると対応できないようでは、闇雲に販促策を行っても効果はありません。まずはコンセプトとターゲットの相性を踏まえた販促策を考えるべきです。

2　不満の起きない商品・サービス力があるか

他店と比べても、お客が不満を感じない商品力・サービス力をもつことが重要です。

3　原価率が高くないか

適正な原価率になっていない場合、販売促進で客が増えても、費用対効果で見てみれば芳しくありません。適正な原価率を達成してから行うべきです。

以上のことをまずチェックしてから、販売促進を行うのが基本です。

販促を行う前にその目的である売上をアップするにはどういう方法があるかを考えてみましょう。それは①客数を増やす、②客単価を上げる、のどちらかです。

②の客単価を上げるというのは、てっとり早い方法に見えて、簡単ではありません。立地やメニュー開発力の絡みもあるので限界があります。

そこで自ずと①客数を上げることが、基本になります。

①は「新規客」「リピーター」に分かれます。ここでどちらを狙えばいいと思いますか。先の例では新規客だけを狙い失敗しました。そうではなく、とくに小さい店での販促策の近道は「リピーター」を増やすことにあります。

顧客を見込み客から常連客へ育成する発想をもつ

初めて来る客を呼ぶにはかなりの広告を行わないと認知されませんが、一度来たお客を呼ぶには低予算の販促策(たとえばクーポンを渡す)で済みます。このことは、実は顧客を育成していくことになります。販促策を行う上で、重要なポイントとして挙げられるのは顧客を育成するという考え方です(図)。

この方法は、顧客全体を来店頻度の低いほうから、見込み客、新規客、再来客、常連客、固定客と段階に分けて捉えます。各段階には、それにあった販促策があり、それを行うことで、見込み客を階層の上方へと育てていこうという発想です。普通は、なんとなく販促を行い、その時の結果だけを見て効果を判断しているだけです。ですが、重要なのは顧客状況を把握しながら、継続的にリピーターを増やしていくことです。

顧客階層上で、見込み客を上に上げるには、各フェーズ別に販促策があることになります。

フェーズ1　新規客の集客――チラシ、雑誌、インターネットなどの広告を打つ
フェーズ2　再来客化の促進――クーポンの提示によって再来店を促す
フェーズ3　常連客化の促進――DMや携帯メルマガの送信による個別アプローチ
フェーズ4　固定客化の促進――会員制と特典のある待遇

自店のお客の状況を把握して、できるだけ常連客や固定客即ちリピーターを増やす販促策を行えば、低い販促費で顧客は増えていくのです。

〈顧客の階層に応じた販促策〉

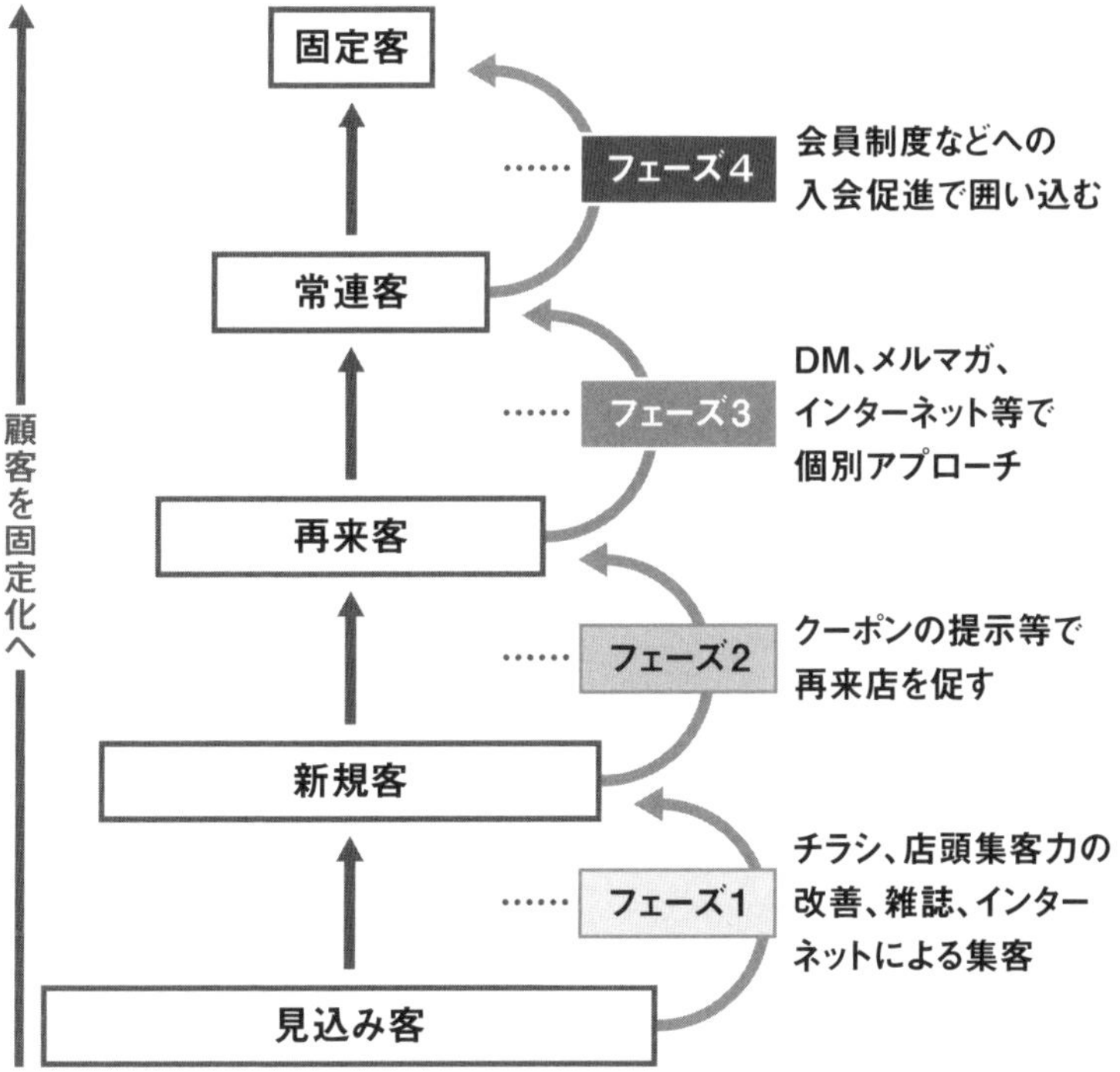

CHAPTER 6-09

キャッシュフローを正しく理解する

月で黒字ではダメ

失敗しがちな考え方

飲食店経営の場合は、月々では黒字に見えても、資金繰りがショートして潰れる例は多くあります。これらの多くは店単体での月々の損益分岐点だけを見て、キャッシュフローを理解していないために起きます。

月間売上200万円の飲食店を見てみましょう（図）。

このケースでは、原価が35％で70万円。固定費の100万円を引いて、この時点で粗利益が30万円となります。その後で、銀行からの借入金10万円を引いても、20万円が残り、生活費を引いても手元に5万円が残ります。これで「店は黒字だ、大丈夫」と考える経営者の方が多いのですが、それは間違いです。まだ税金他の支払いが残っているので、この店の場合は、粗利130万円では、損益分岐点ではないのです。初めて経営する方は、こういう間違いをしがちです。

以下に、資金繰りで間違いがちな点を解説していきます。

〈甘い(売上)予算のシミュレーションでは失敗する〉

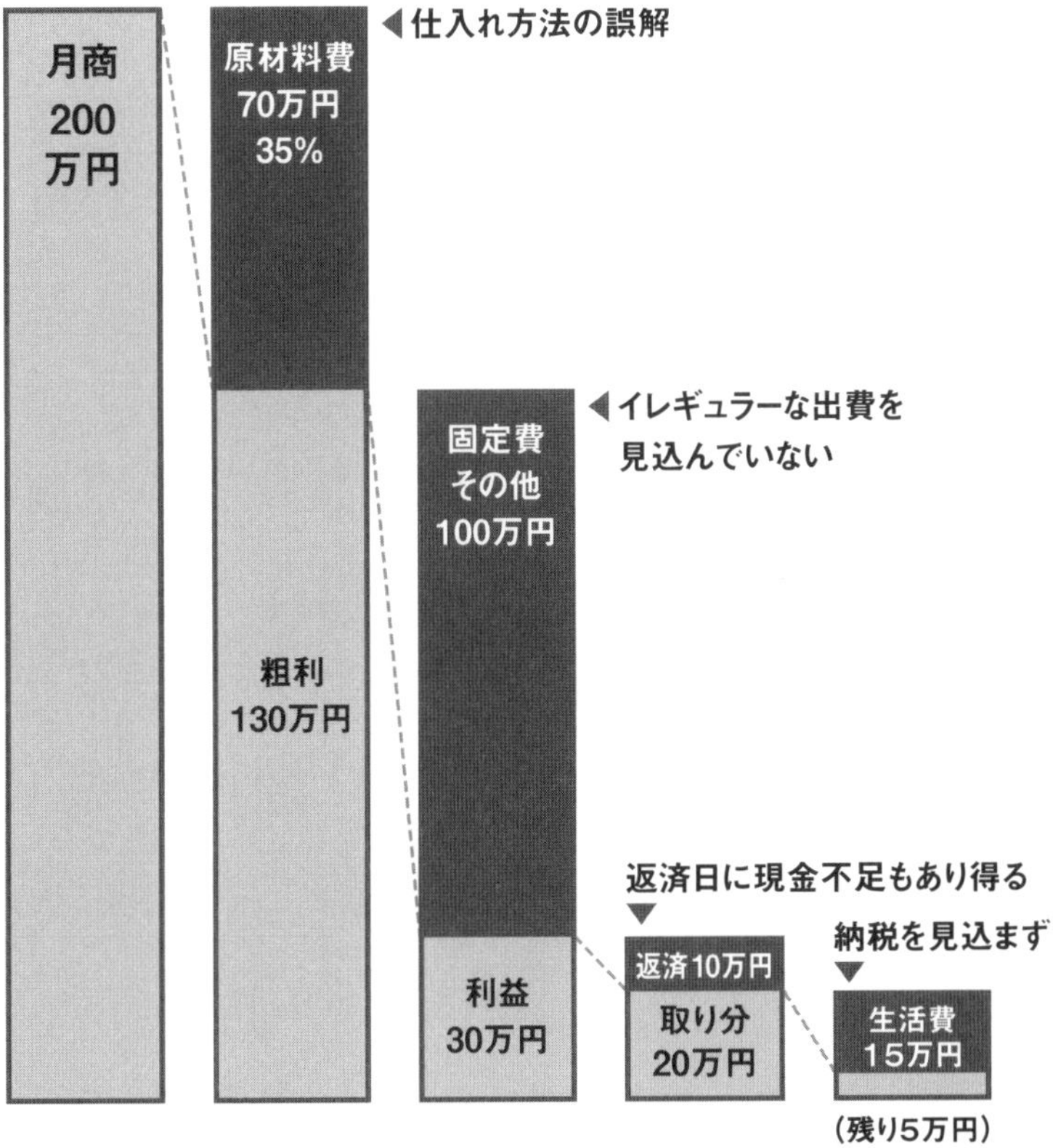

資金繰りで失敗しがちなポイント

図の場合では、問題点が6つあります。

1　キャッシュフロー上の損益分岐点を理解していない

この例では消費税の納税額は、約77万円となります。ほかに所得税、住民税もあります。利益が30万円、年間360万円で、納税額をざっくり計算すると37万円。年金を20万円として57万円。さきの消費税を合わせて134万円が必要です。したがって月間5万円の残りでは不足してしまいます。月間で11万円を残す必要があるのです。

この例ですと、月間で215万円程度の売上が必要になります。

月商215万円の場合：月商215万円のうち原材料費35％＝75万円で、粗利は140万円です。固定費100万円を引けば、利益は40万円。返済の10万円を引いて30万円が残ります。ここから生活費15万円を引いても15万円が残り、最低必要な額の11万円はクリアします。

ただし税金の支払い時期と、月間の収入が得られる時期にはズレがあるため、これさえ実現すれば安定するわけでもないので注意が必要になります。

2　原材料の仕入れ方法を間違える

これは仕入れを大量にロット単位で仕入れる業態で起きます。単価の安さに目を奪われて大量に仕入れたため、高額な支払いが生じてキャッシュが不足して滞る例です。業者への支払いを延ばすのは、経営としては黄信号です。

3　イレギュラーな出費が発生する

原材料、固定費以外でイレギュラーな出費が発生することがあります。たとえば設備の故障などです。これが月々の予定額を大きく超えてしまうと、資金繰りを圧迫してしまいます。

4　返済日に現金が不足

資金繰りの中で厳しいのは、銀行などの借入金の返済です。期日は待ってくれません。ギリギリで回す店は要注意です。

5　生活費が上がる

現金商売なので手元にお金が残ると、儲かった気分になります。そこでつい欲しいものを買ってしまうなどして生活費を上げてしまい、その結果、残るお金が減ります。個人事業で多い例です。

6　税金のことを考慮していない

月々の引き落としのある年金などは別にしても、年に一回の消費税、所得税支払いは、のんきに構えてしまう例が多いものです。事前の準備が必要です。

こうした問題点をクリアするために行いたいのが、日次で資金繰りを見るという習慣です。

お金の流れを、日々「見える化」する

資金繰りで失敗する最大の理由は、日々のお金の流れが、経営者に見えていないことです。そこで作成したいのが日々の資金繰りがわかる「日次資金繰り表」です。エクセルを利用して、左に日付、次が収入、次に支出を並べ最後の右の欄が現金の残高を示します。

この表を作成するメリットは3つあります。

1　今の現金残高が一目で分かる

たとえば「3月○日の残高が○○万円」と一目で分かります。これがお店で使えるすべての現金です。この残高がマイナスになると資金ショート。これを厳しく見ていきます。

2　資金の流れが読める

資金繰りの未来予測がしやすくなります。たとえば平日の収入が8万円程度、週末は増えて12万円と予測できます。そして支出の多くは○日以降に発生し、どれくらい必要かが月単位で見えてきます。数カ月単位で見れば、管理しやすくなります。

3　早めに対策が打てる

表で予測する習慣をつけると、早めの対策が打てるようになります。「3月末は納税でマイナス8万4000円になるが、4月1日に入金があるので、家賃等の支払いをずらすことで対応する」といった具合です。

このように資金繰りの予測と対策を、早めに打つ習慣をつけることが重要です。

CHAPTER 7

売上だけでない目標管理の新潮流

ＢＳＣ（バランススコアカード）とはなにか

4つの視点で業績を評価する

財務会計の視点だけではわからない

課長「自分たちががんばって毎日やっていても、なかなか業績が上がらないな」
部長「うちの部はなんとか予算を達成できたけど、経営的に見たらまだまだなにかが足りないんじゃないか」
社長「うちの会社は、お客さんの評判はとてもいいのに、どうして業績は伸びないのかな。どこが悪いんだろう……」

予算が達成できてもできなくても、課題は残るものです。まして、経営的な視点で見たときに、会社は正しい方向に進んでいるのか、次期の予算を考えるときに見落としている部分はないか、しっかり確認したいものです。振り返るプロセスが抜けていると、数字としての予算を達成したのに、思ったほど会社が成長していない、利益が出ていない、といったことにもなりかねません。

このためにＢＳＣ（バランススコアカード）の考え方を取り入れる企業も増えています。

将来が見通せない現代だからこそ

予算は将来を想定して目標を置いて事業を推進していくため、同時に進捗を確認するためにも不可欠です。ですが、複雑な外部環境の変化、時代の変化など、不確実な要素がたくさんあるために、予算どおりにならない可能性も出てきます。

変化が激しく、企業の現状を見つめるための評価基準もブレが生じやすく、そこを基準として予算を考えることに不安を抱くこともあるのではないでしょうか。

ＢＳＣは、１９９２年に経営学者ロバート・キャプラン教授（ハーバード・ビジネス・スクール）と、コンサルティング会社のデビッド・ノートンが「ハーバード・ビジネス・レビュー」に発表した論文で知られることになりました（"The Balanced Scorecard : Measures that Drive Performance"）。スコアカードはゴルフなどの点数を記入するカードのイメージです。Balancedは、均衡のとれた、といった意味でしょう。

元々は企業の業績を会計の数字（財務諸表等）だけでは測れないと銀行や投資家が感じていたことに応えるために、**企業価値を多角的な視点から表そうとしたもの**です。

業績評価のツールとして生まれたＢＳＣは、経営戦略や経営計画の立案、予算管理、資源の最適配分、報酬や給与、個人の目標管理などへと幅広く応用されていきました。また企業だけではなく、病院や学校、地方自治体などでも業績評価、目標管理に利用されています。サービス業などの評価にも有効だとされています。

顧客、業務プロセス、学習と成長

多角的に見るために、ＢＳＣは、財務の視点に加えて、顧客の視点、業務プロセスの視点、学習と成長の視点からも評価する仕組みとなっています。この4点に絞り込んだことで、わかりやすく使いやすい業績評価のツールとして多くの企業に採用されたのです。

有名なところでは米国のサウスウエスト航空の劇的な業績回復に、ＢＳＣの活用が貢献したことで知られています。日本でも多くの企業でＢＳＣの活用に取り組み、長期にわたって成果を上げています。

事業は有機的であり流動的に変化しています。ある時点の会計的な結果だけでは、将来へつながるはずのコア・コンピタンスが見えにくかったのですが、ＢＳＣによって実態に近い企業の姿を把握できるのです。**４つの視点は、並列に評価されるのではなく、それぞれの視点からの事業活動が有機的に作用**し合って、最終的には成果を財務の視点で評価することになります。顧客の視点で高い評価を得ていても、財務の視点で評価が低い場合は、事業活動にどこか問題があるのです。高い評価を財務の視点でも確認できるように改善していかなければなりません。

企業は、できるだけ多くの利益を得てステークホルダーに還元する必要があります。ＢＳＣを活用する最終的な目的も同じです。そこに将来性、希望があります。予算管理に応用する場合も同様に、ＢＳＣで多角的な評価をし、企業の力につなげたいものです。

〈このまま、製品Aを作り続けていいものだろうか?〉

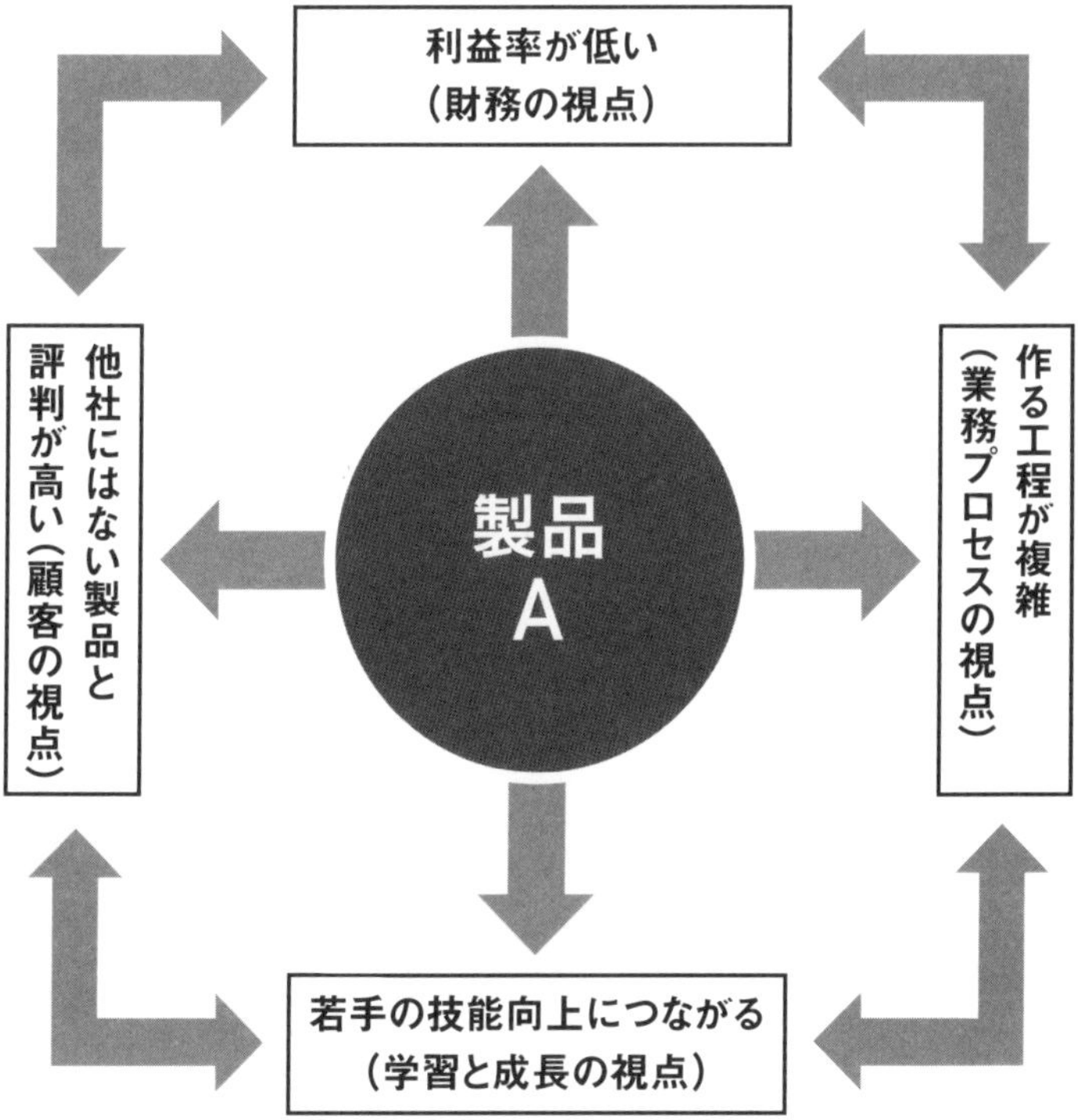

非財務を含む4つの視点で活動を検討

短期的視点に偏らないために

財務会計の視点だけではわからない

ＢＳＣは、４つの視点で業績を評価するシステムです。その視点は、①財務、②顧客、③業務プロセス、④学習と成長、です。財務つまり損益などの数字だけで業績を判断してしまうと、短期的な利益ばかりを追求し、会社の持つ技術などの価値、継続性、発展性を評価しきれない側面もあるからです。

いわゆる「いい会社とはなにか？」と考えたとき、それは必ずしも決算の内容だけではないはずです。もちろん「いい会社」は決算の数字もいいでしょう。ですが、それだけでは判断できない点がいっぱいあるのです。

また、４つの視点は有機的に関連し合っており、個別に検討されるものではなく、財務の視点には顧客の視点が、顧客の視点には業務プロセスの視点が、業務プロセスの視点には学習と成長の視点が関係するといったように、全体を通して検討していくものです。

それぞれの指標で評価していく

財務の視点とは……。

会計的な基準による評価は、同業他社などとの比較もしやすく、株主への期待にどう応えているのかを明確にしてくれます。もちろん、投資家への説明、融資に当たっての説明においても、財務の視点はとても重要です。

利益率、成長率、キャッシュフローといった数字から、今後の事業活動をどのような方向へ高めていけばいいのかを考える上でも役に立つ視点です。つまり、会社を維持し発展させるためにはどうしても財務体質をしっかりと強化しておかなければなりませんが、かといって他の視点を忘れていたのでは、成長は望めないのです。

顧客からの視点とは……。

事業によって顧客はさまざまです。一般消費者の場合もあれば、得意先企業のときもあるでしょう。得意先企業を通してその向こう側に最終的な顧客がいることも忘れてはいけません。事業を進めていくときには、株主と同様に顧客は重要な利害関係者(ステークホルダー)です。顧客の視点から、自分たちの仕事を評価してもらい、それを高めていくためには、なにをすればいいのか。それを検討することです。

顧客からの評価を示す数値としては、サービス産業生産性協議会によるＪＣＳＩ（日本版顧客満足度指数：Japanese Customer Satisfaction Index)などがあります。

継続的に発展するための改善を

業務プロセスの視点とは……。

どのようなプロセスで事業を進めるのか、それによって株主や顧客に満足してもらえるのか。業務プロセスの視点とは、品質と見合った価格であることや、利便性として納期の短縮、アフターサービス向上はもちろん、調達面での原材料メーカー、部品などの供給ルートとの関係も含まれてきます。最近では自然災害によって部品供給ができず工場が生産中止になる例などもあり、川上、川下の連携強化が求められています。

加えて、近年ではエコロジー、安全性、働く環境などまでも株主や顧客からチェックされています。製造過程における排出ガス、廃棄物などの管理を含め、協力関係にある他社とも改善していく必要があるでしょう。

学習と成長の視点とは……。

事業をよりよく進めていく、顧客や株主から支持される事業にしていくためには、さまざまな能力が必要となります。人材の育成、人材の確保、教育のプログラム、有形無形のノウハウを次代へと残し続けていく仕組みなどがあるのか。また、優秀な人材に途中で去られてしまわないための対策、技能の習得・向上に取り組むことも大切になっています。資格取得、定着率などから見ていくことになります。

4つの視点と簡単に言っても、事業内容などによって奥がとても深いのです。

〈4つの視点が関連し合っている〉

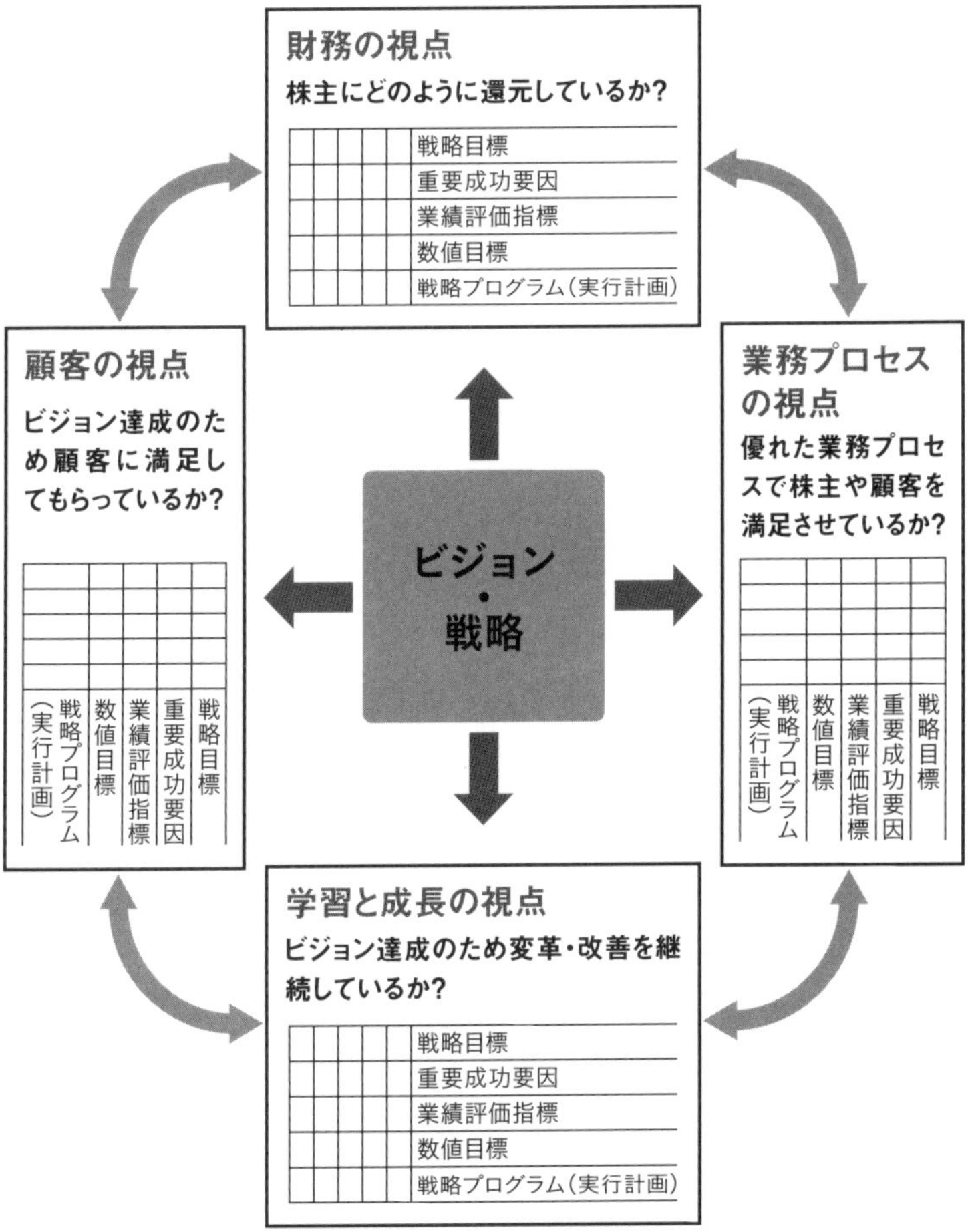

CHAPTER 7-03

4つの視点を均衡させる

事業活動をどう評価すればいいのか？

どれかだけよくてもダメ

R君「BSCは、①財務、②顧客、③業務プロセス、④学習と成長の4つの視点で業績を評価するそうですが、どれか1つ強みを発揮すればいいんじゃないですか？」

部長「BSCをちゃんと理解していないみたいだね。そもそも短期的な利益だけで業績を評価せず、会社の持つポテンシャルをきちんと評価したいから開発されたものなんだ。つまり、学校の成績表とはまるで発想が違うんだよ。得意科目だけ突出していい、というのは会社の実力としてどうなのかな。この4つの視点はすべてが有機的に関わってきていて、どれか1つでもよければ、他がダメでもいい、なんて話にはならないんだ」

R君「そうか。財務の視点で利益がたくさん出ていても、顧客の視点で評価されなければ、いずれはその利益も消えてしまうかもしれないですしね」

部長「そう。逆もあるよ。学習と成長の視点で高い評価を得て立派な会社と言われても、財務の視点で利益が出ていなければ、長期的に継続できる力があるかどうか疑わしいよね」

有機的に絡み合う4つの視点

財務面と非財務面の評価を通して業績を把握することがBSCの狙いです。

4つの視点のうち、1つの視点だけで業績を見るのではなく、**4つの視点から垂直的、水平的に関連付けて評価**していきます。

会社の評価といえば、財務の視点を抜きに考えることはできません。財務諸表は必ず最初に見るものです。問題は、この財務の視点で見えている、いわば数字としての結果(業績)を、非財務の3つの視点の活動で、どのように実現していくのか、実現されているのかを表現することです。

たまたま売れたから利益が出た、というようなケースは滅多にないはずで、非財務の視点それぞれで成果を出した結果として、財務的にもいい数字になっていくはずです。

そして財務だけを重視するのではなく、そこに至る非財務の活動をどう改善していくかを併せて考えていくことが大切です。

財務の視点は、利益率であるとか成長率であるとか、ある期間(事業年度)で達成されるべき数値目標として考えることができます。一方、非財務の活動では、事業年度を超えて数年がかりで達成する目標も含まれることでしょう。

学習と成長の視点に含まれる人材教育はその典型です。将来必要となる人材をいまから育成する場合には、数年にわたる計画となるでしょう。

短期的活動と長期的活動

つまり、ともすればバラバラになりがちな、短期的活動と長期的活動をＢＳＣによって見直していくこともできます。短期だけで見ず、人材育成などの長期も一緒に考え、両方の活動を向上させなければ継続的に成長する企業とはならないのです。会社のビジョン、目標と４つの視点で見る垂直的な関係に加えて、各視点の中にそれぞれある目標や計画が、他の視点とどう関係しているかも見ていくのです。

要因と結果をバランスさせることもできます。こうした人材の育成が達成できれば、それによって顧客の視点から、満足度が高くなっていくことが考えられます。顧客の満足度の上昇は財務の視点でもプラスになります。その結果、財務的に改善されたことにより、人材育成のための費用をさらに増やすこともできるでしょう。このように**要因と結果を財務、非財務を超えて考える**ことができます。

内部と外部のバランスも大切です。４つの視点からは、それぞれ内部に働きかける活動もあれば、外部に働きかける活動もあります。財務の視点、顧客の視点は、外部を対象とします。株主などステークホルダーや顧客に向けた活動です。業務プロセスの視点と学習と成長の視点は、内部に向けた活動です。たとえば、投資家から潤沢な資金の提供があったとして、それを内部のどこに投資するかは重要な問題です。このように財務・非財務、短期・長期、要因・結果、内部・外部を俯瞰してやるべきことを見つけていくのです。

〈4つの視点を均衡させていく〉

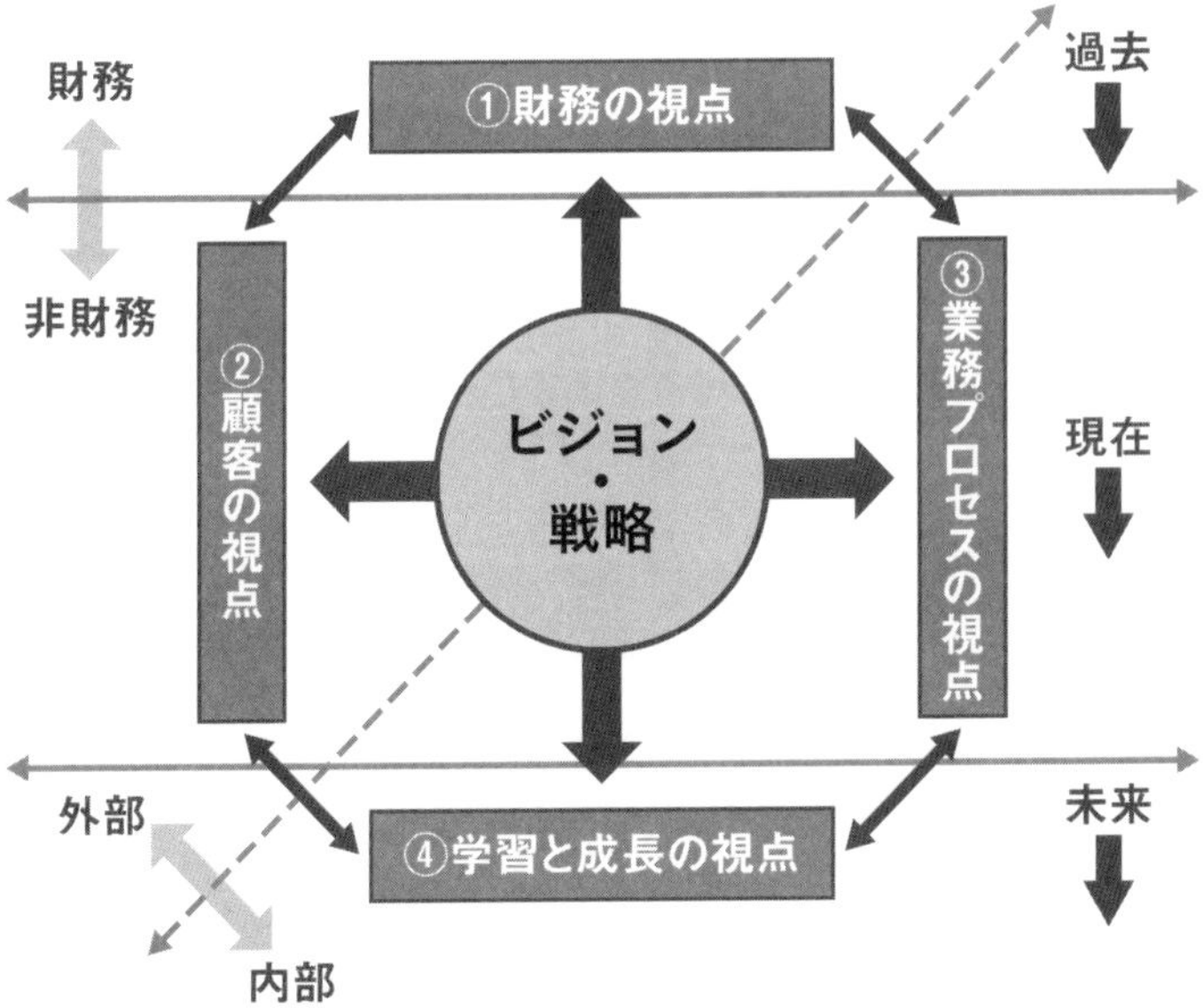

4つの視点は、財務、非財務の視点と考えることもでき、また、外部的な視点、内部的な視点と考えることもでき、さらに過去、現在、未来の視点としてとらえることもできる。

参考:『バランス・スコアカード経営 なるほどQ&A』

CHAPTER 7-04

戦略マップをつくる

BSCを使って具体的に考える

戦略を4つの視点で具体化する

企業にはそれぞれ成長への戦略があります。かっちりと作り込まれた戦略もあれば、経営者の頭の中に漠然と浮かんでいる戦略もあるでしょう。しかし、実行して成果を上げるためには、社内外で共有できるように、わかりやすく表現したいところです。

BSCは難しそうに思えるかもしれませんが、4つの視点で考えることで、各社の戦略を具体的にわかりやすく表現していくことができるのです。

P207の図は例として作ったものですが、左に4つの視点、右に戦略を書き込んでいくことで、なにをどうすればどうなるのかが見えてきます。これが「戦略マップ」です。道に迷ったら地図を開くように、日々の活動の中で、ともすると自分たちがどこに向かっているのか見失いがちなところを、この**戦略マップによってきっちりと道を辿るようにすることで成果を出やすくします。**また、変更をするときも、過去と現在の違いを比較しやすく、自分たちの歩んできた道を確認することができます。

全社的に戦略を浸透させることができる

最終的には①財務の視点としての「新しい収入源」と「収益性の向上」を図ることが目標ですが、その戦略は一番下の④学習と成長の視点からスタートしています。①を達成するためには、まず「リーダーシップの向上」を図り、「従業員のスキルと能力を開発」すること。つまり教育です。さらに「改革プログラムの実行」で、全社的に改善に取り組む意識を定着させていきます。

これによって③業務プロセスの視点では「技術の見える化」。つまり必要な技術を誰もが習得できるようにしておき、同時に「使用機器を最新にする」。「市場投入までの時間短縮」や「内部プロセスの効率化」を図ることも重要でしょう。

④、③が進むと②顧客の視点で「プロフェッショナル集団の確立」によって信頼性や安心感を向上させます。さらに「外部専門家のネットワーク」を構築すれば比較的低コストで、社内にはない専門分野もカバーできます。同時に「より多くの製品を展開」することで、顧客の満足度と市場での存在感を高めます。

その結果、「新しい収入源」と「収益性の向上」が達成できれば、この戦略は成功したと言えるはず。もちろん、各社でどこにどれだけ力を入れれば、最終的な結果により大きく結びつくのかは詳しく検討しなければなりません。

また、戦略に反するような活動を修正していく必要もあります。

分析そして重要成功要因

戦略を考えるときには、SWOT分析などで、会社を取り巻く外部環境、そして内部環境を分析していきます。戦略も左の図のようにシンプルなものから、複数の戦略を同時並行して進めていくものまで、さまざまです。そのため、因果関係がより複雑になっていくことも考えられます。

戦略マップができたときに、**各戦略を成功させる要因を明らかにしていきます。**努力と根性だけでは達成できないので、成功するために必要なことに注力していくのです。この要因を「重要成功要因」（Critical Success Factors＝CSF）と呼びます。CSFは、戦略を確実に実行させるための強い因果関係の上に成り立っています。

たとえばBSCの成功事例で有名な米国サウスウエスト航空の場合では、財務の視点に「低コストの実現」という戦略を置きました。そのCSFは「機材を少なくする」でした。なにをすれば、その戦略がより確実に達成できるのか。それをあらかじめBSCでは明らかにして取り組んでいくことになります。「社長があぁ言っているから」とか「専務がこう言っているから」といった言動によって戦略の重要な部分が揺らぐことのないように、しっかりと確認をすることができます。戦略マップは、ただ「作りました」だけでは終わりません。現状を示しているだけではないのです。実行時に、CSFをしっかりやり遂げるためのスケジュールを組み込み、誰がなにをやるかまで、わかりやすく示すことができます。

〈戦略マップの例〉

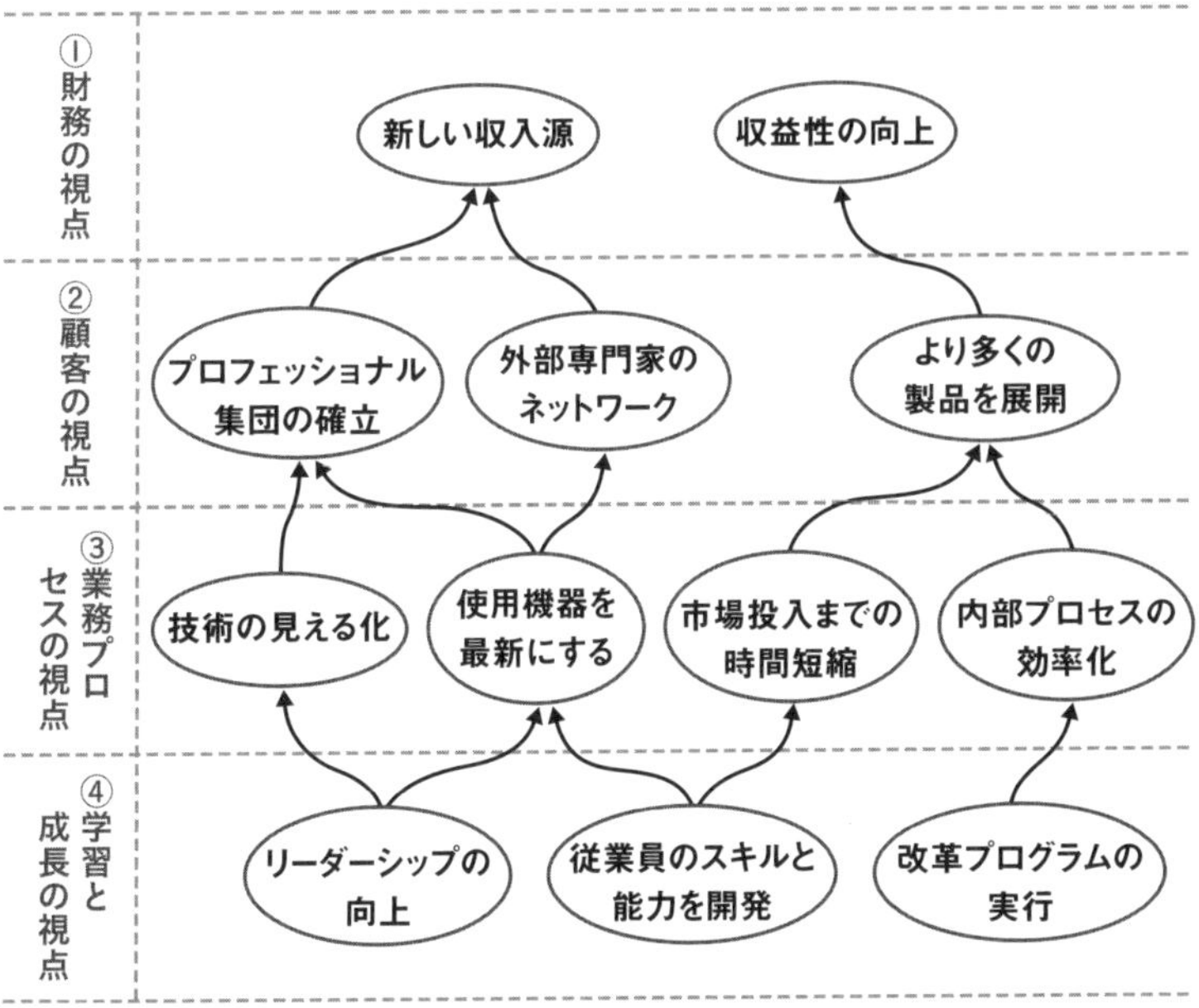

①財務の視点
新しい収入源
収益性の向上
②顧客の視点
プロフェッショナル集団の確立
外部専門家のネットワーク
より多くの製品を展開
③業務プロセスの視点
技術の見える化
使用機器を最新にする
市場投入までの時間短縮
内部プロセスの効率化
④学習と成長の視点
リーダーシップの向上
従業員のスキルと能力を開発
改革プログラムの実行

CHAPTER 7-05

重要成功要因を決める

CSFを見極めるためにはどうするか?

業績向上要因を洗い出す

戦略を成し遂げるためには、やるべきことをきっちりとやることが大前提となります。その「やるべきこと」をどうやって見つけていけばいいのでしょうか。それがCSF(重要成功要因)を決めていくプロセスで明らかになります。

戦略目標を実現するための手段として、**業績向上要因を洗い出していきます。**できるだけ数多く出していきます。たとえば、「低コストの実現」(財務の視点)を達成するために、できることはなんでしょうか。各部門からできるだけたくさん出してもらいます。

こうして列挙された業績向上要因の中から、もっとも重要な要因として1つか2つに絞り込んでいきます。総花的にあれこれ手をつけている余裕は恐らくないので、真っ先に取り組むべきで、なおかつ達成すれば戦略を実現できると考えられるものに絞るのです。

こうして選ばれたもっとも重要な業績向上要因が、本当に戦略と因果関係があるのかを検証します。

列挙するときは自分たちで評価しない

業績向上要因の検討は、4つの視点それぞれの戦略ごとに進めていきます。

大切なこととして、最初に業績向上要因を列挙するときに、「そんなものはどうでもいい」とか「くだらない」などと、自分たちで要因の評価をしてしまわないことです。

ここでは、**どんな細かいこと、小さいことでもいい**ので、とにかくたくさん出すことが大事です。「あとでまとめるときに面倒だから」という発想を捨ててください。そうしないと、本当に大切な要因が抜けてしまうかもしれないのです。せっかく、BSCで予算管理をし、業績を向上させていこうというのですから、ここはしっかりと洗い出しをすることです。

たとえば、「低コスト」のために「機材を少なくする」とした航空会社の例でいけば、ほかにいくつも低コストにつながる業績向上要因はあったはずです。しかし、財務の視点として、もっともウエイトの大きい費用、もし削ることができたら、それだけで大きな目標を達成できる業績向上要因はなにか、と考えていったはずです。

航空会社の常識からすれば、機材を増やして便数を増やし、売上を多くすることがすぐに思い浮かぶはずです。ですがそれではコストも膨らんでいき、経営的に苦しくなっていく。もっとも少ない機材でどれだけのパフォーマンスを得られるのか。そこにチャレンジしたほうが、低コスト戦略を実現できると考えたのでしょう。

大切なのは戦略目標を達成すること

このように、CSFによって業績向上要因を洗い出していく過程は、企業がこれまでやってきたいわば「常識」を洗い直すことにもつながります。

せっかくのいい戦略も、古い慣習であるとか、手をつけられなかった業務などのために、目標達成ができないでいた、という例は少なくありません。これを、頭ごなしに「そんなものやめてしまえ」というのはいかにも乱暴過ぎます。

CSFで業績向上要因を絞り込んでいく過程は、それよりはずっと具体的でソフトに改革できる可能性もあります。体質の改善であるとか、本業回帰とか、核となる事業への資源の集中といった言葉からは、なかなか具体的な施策が見えてきません。でも、「これをやれば達成できる」と思える業績向上要因に絞り込んだとき、**結果的に、企業体質が改善されていくきっかけ**となったり、核となる事業を見つけ出し、資源を集中することにつながることもあるのです。

このプロセスをわかりやすく見せていくことによって、経営の実態を社員全員で共有することにもつながりますので、組織の風通しがよくなる、意見を自由に言えるようになる、新しい取り組みに積極的になるといった効果も期待できます。

とはいえ、一番重要なのは、4つの視点の戦略を着々と実現していくことです。副産物で満足していては、目標を取り逃がすことにもなりかねません。

〈CSFとKPIの違い〉

	CSF	KPI
問いかけの違い	「成功するためになにをすべきですか?」	「私たちは成功しているでしょうか?」
基本的な役割	成功のための要件を決めること	私たちがしていることを示すこと
測定方法	定性的	定量的
属性	独立性が高い	ベンチマークによって変化する

CHAPTER 7-06

目標を指標で表す（ＫＰＩ）

定性的な目標も定量的な指標で測る

指標を明確にすれば行動につながる

Ｔ君「戦略はよくわかったんですけど、実際にはどう動けばいいんですか？」

課長「ＢＳＣで、ＣＳＦを見つけていったわけだけど、それだけでは実際には業務に反映できないこともあるよね。だからＫＰＩ、つまり重要業績評価指標をセットにすることになっているんだ。ＣＳＦまで作ることができたんだから、もう少しでＢＳＣも完成する。そのためにはＫＰＩを見つけなくてはならないんだよ」

Ｔ君「ＫＰＩってどういうものなんですか？」

課長「ＣＳＦの達成度合いを測定するための指標がＫＰＩなんだ。たとえば、今回、財務の視点では『低コスト』という戦略が打ち出されている。そのためのＣＳＦとして『機材を少なくする』ことになった。そのＫＰＩは、『機材のリース料金』だ。それはわかるよね？　具体的にリース料金を今期は前年比20％削減することになっている。だからそこを見ていれば、自分たちがどこまで達成できているかがわかる」

顧客の喜びが売上につながるとしたら?

財務の視点のように、さまざまな数値を扱う場合には、因果関係のしっかりとしたKPIを導き出して、数値として定量的な指標を選ぶことが比較的やりやすいでしょう。

ですが、BSCは、非財務を含める点が大きな特徴です。非財務の活動の中には、定量的なKPIがすぐに浮かばないものもあるでしょう。そこを工夫していくことで、各社にとってのBSCが本領を発揮するのです。

たとえば、顧客の喜びが売上につながるのだ、と仮定したときに、その「喜び」はどのような指標で明らかになるのか。それを考えていくことが重要です。

予算を達成するためには、顧客にもっと喜んでもらおう、と言っても、喜びの質であったり、対象となる顧客の人数、性別、世代などによって効果は違ってくるはずです。自社の製品やサービスを喜んで利用してもらうためには、なにをすべきか、深掘りして考えていくことが必要になります。

また、**KPIは、プロセスを見るための指標**です。練習をサボって試合で結果を出したとしても、評価は高くなりません。結果だけで評価するのではなく、きちんとすべき練習もした、ということをKPIで確認していくことで、BSCは力を発揮していくのです。予算をただ達成すればいいというものではなく、なにをどうやったから達成できたのかがわかれば、次年度に向けて、または環境の変化への対応も明らかになるのです。

戦略、CSF、KPI、そしてKGI

ここでBSCの全体をざっと確認しながらおさらいしていきましょう。

BSCは、財務と非財務からなる4つの視点で業績を見ていく仕組みです。戦略マップによって、4つの視点それぞれに戦略を立て、それを関連付けて最終的な目標を達成していきます。

4つの視点それぞれに、戦略、CSF、KPIを設定します。

戦略を実現するためのCSF（重要成功要因）を見つけ出し、そのCSFの達成過程をチェックできるようなKPI（重要業績評価指標）を見つけ出します。CSFに対して、いくつかのKPIがありますが、できるだけ絞り込む方が実行性が高まります。

そしてKPIが明らかになれば、それはたとえ定性的なCSFであったとしても、定量的に評価していくことができます。たとえば、顧客の笑顔が大事だとすれば、顧客満足度を調査する、リピーターの数などで数値化していくことになります。ここがBSCの難しいところとも言われていますが、むしろここに各企業の特徴がはっきり出てくるでしょう。

予算管理においても、予算達成のためのKPIとなる指標があるとすれば、それをしっかりウォッチしていく必要があります。たとえば、訪問営業で売上目標を達成するには、どれぐらいの件数を訪問すればいいのか、といった数値で計測できるはずです。問い合わせ件数、展示会での集客数などが予算達成につながることも考えられます。

〈KPIとKGI〉

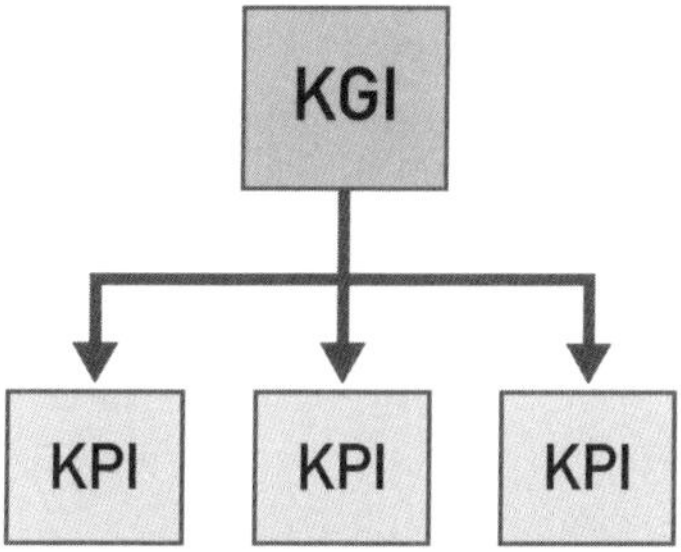

KGI 重要目標達成指標
Key Goal Indicator

- 会社の経営戦略による最終的な目標を示す指標

  たとえば、サッカー選手なら「試合でゴールを決める」といった目標。

KPI 重要業績評価指標 Key Performance Indicator

- 業績評価のうちもっとも重要な指標。戦略を実行する上でのプロセスを評価する。

  たとえば、「試合でゴールを決める」ために、1日何本シュート練習をする、といった目標。

- KPIが達成できていれば、KGIの達成に必ず結びつく。KGIの達成に結びつくKPIを設定しなければならない。

CHAPTER 7-07

PDCAで確認する

経営は常に未来を向いている

振り返ってばかりでは進めない

M君「BSCって、1回やればいいってものじゃないんですよね？」

部長「そもそも、刻々と変化している外部環境に対応して、しっかりと戦略を立て、各部門ごとの目標や行動に落とし込んでいくためのツールなんだ。だから、やり続けていくものと思ってほしい」

M君「予算でも、前年度比で何%増やす、みたいな目標とは違うわけですね？」

部長「そうなるだろう。財務諸表を過去に遡って見たところで、将来のことは誰にもわからない。しかし経営は未来に向かって前進させていくものだからね。予測のつかない未来に、わが社は、そしてわれわれはどう行動していけばいいのか。それを考え続けることになる。予算を達成すればそれでいい、といったアバウトなやり方では、変化に対応していくのはとても難しいだろう。それに対応するためにもBSCを継続していくことが、うちの強みにもなっていくはずだ」

〈BSCを継続していく〉

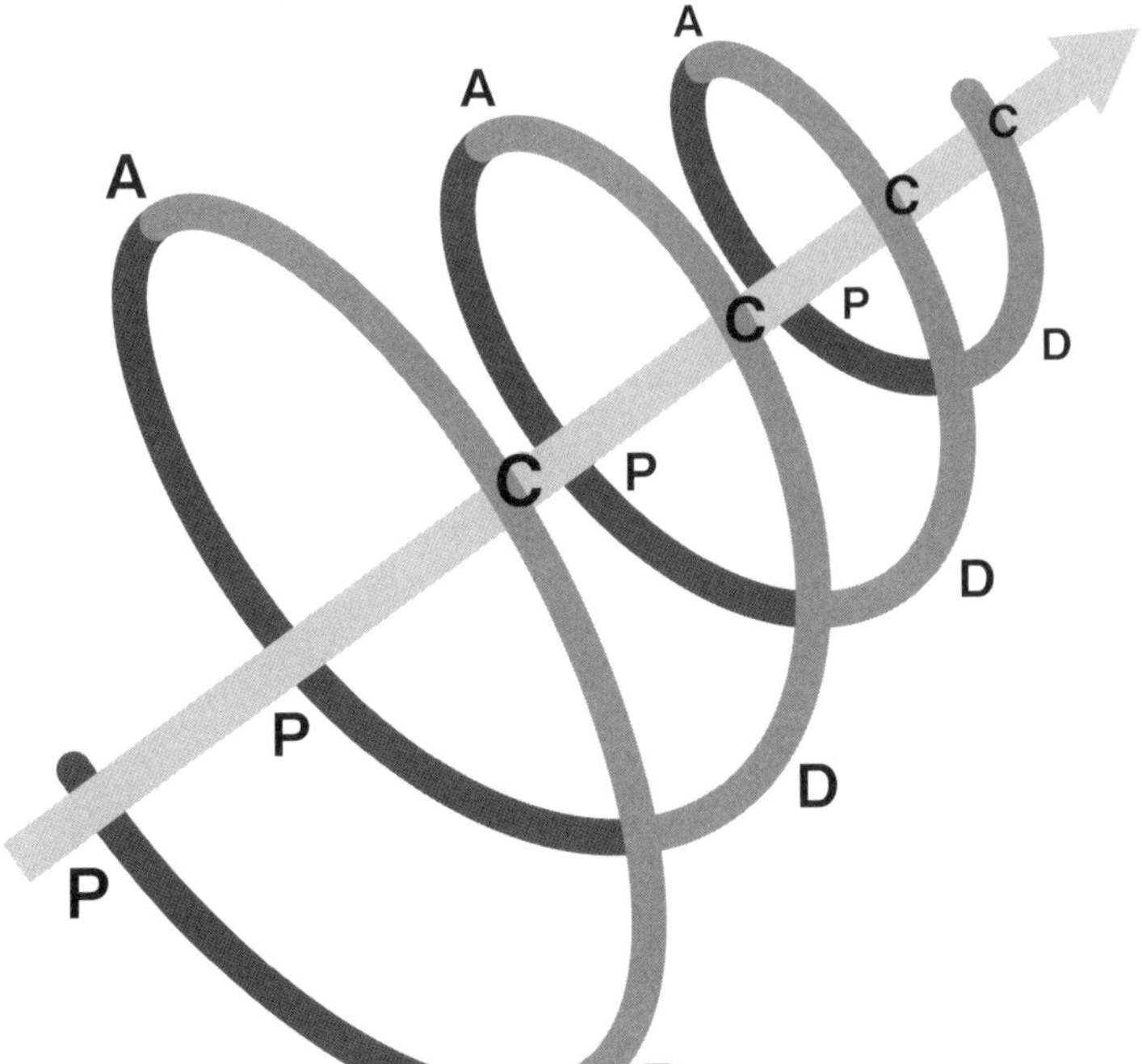

PDCAサイクル
Plan→Do→Check→Action

1カ月のサイクル…KPIの状況の確認・検証・改善をPDCAで回していく。

1カ年のサイクル…BSCの各要素の確認・検証・改善をPDCAで回していく。

PDCAで継続していくことで、BSCはより実践的に磨かれていく。

大切なことは目標を達成すること

ＢＳＣは、経営環境の分析をして戦略を策定するところからスタートします。戦略は「戦略マップ」として表現されます。この戦略マップに基づいて、具体的な行動に移るために、ＣＳＦを設定し、そのＣＳＦのプロセスを評価するためにＫＰＩを設定します。**ＫＰＩがはっきりしたとき、それを積み上げた頂点にはＫＧＩが設定されます。**最終的なゴールです。ここまで来たら、あとは行動です。ゴールに向かって全社的に、１つのＢＳＣに基づいて活動をしていきます。このため、外部環境の変化に対しても、ブレを最小限にし、新たな対策へと対応していける力がついてくるでしょう。場当たり的対処ではなく、ゴールに向かって進むための対策となります。

ＢＳＣを作ったり、それに基づいて活動することが、私たちの目的ではありません。大切なことは目標を達成することです。自分たちで決めたゴールを達成することです。その積み重ねによって、会社は大きく成長していくはずです。そのとき、部門も社員も、一緒に成長しているはずです。

ＢＳＣを着実に実践することが、真の経営能力となっていきます。しかし、現実はなかなか厳しく、机上でＢＳＣをきれいに作ることができても、実践につながっていないケースは多々あります。目標を達成するためには、ＢＳＣをＰＤＣＡサイクルで回していくことです。実践しながら、検証し、必要な改善をしていくわけです。

参考文献

※はウェブ上で閲覧可能。

『予算管理の進め方』（知野雅彦、日高崇介著、日本経済新聞出版社）

『決算書がスラスラわかる　財務3表一体理解法』（國貞克則著、朝日新聞出版）

『餃子屋と高級フレンチでは、どちらが儲かるか？』（林總著、ＰＨＰ研究所）

『社長になる人のためのマネジメント会計の本』（岩田康成著、日本経済新聞出版社）

『ユニクロ監査役が書いた　強い会社をつくる会計の教科書』（安本隆晴著、ダイヤモンド社）

『戦略の実行とミドルのマネジメント』（坂本雅明著、同文舘出版）

『「売る」ための教科書』（花田敬著、ＫＡＤＯＫＡＷＡ／中経出版）

『この1冊ですべてわかる　管理会計の基本』（千賀秀信著、日本実業出版社）

『脱予算経営』（ジェレミー・ホープ、ロビン・フレーザー著、清水孝訳、生産性出版）

『会計参謀-会計を戦略に活用する』（谷口学著、中央経済社）

『1からのマーケティング』（石井淳蔵、廣田章光著、碩学舎）

『「プロ中のプロ」が教える営業のセオリー』（日本実業出版社著、編集）

『日経ビジネス　２０１２年6月11日号 ― 特集　今こそ日本で稼ぐ　ハマキョウレックス　生産性高める「全員参加型」経営』（日経ＢＰ社）
http://ec.nikkeibp.co.jp/item/backno/NB1645.html

『ザ・ゴール ― 企業の究極の目的とは何か』（エリヤフ・ゴールドラット著、三本木亮訳、ダイヤモンド社）

『ザ・ゴール　２ ― 思考プロセス』（エリヤフ・ゴールドラット著、三本木亮訳、ダイヤモンド社）

『クリティカルチェーン―なぜ、プロジェクトは予定どおりに進まないのか？』（エリヤフ・ゴールドラット著、三本木亮訳、ダイヤモンド社）

『2時間でわかる【図解】ＫＰＩマネジメント入門』（堀内智彦著、あさ出版）

『バランス・スコアカードの知識』（吉川武男著、日本経済新聞社）

『バランス・スコアカード構築―基礎から運用までのパーフェクトガイド』（吉川武男著、生産性出版）

『使える！　バランス・スコアカード　一枚の表で目標が見える！　人が育つ！』（高橋義郎著、ＰＨＰ研究所）

『バランス・スコアカード経営　なるほどＱ＆Ａ』（バランススコアカードフォーラム編、中央経済社）

索引

●著者
フレアビジネス研究会
書籍・雑誌・Webで活躍する編集者・ライターによる研究会。ビジネス全般（経営・法規・会計・営業・マーケティング・物流・貿易・製造・開発・人事など）から国際・経済・政治・政策・金融・ＩＴ・科学・芸術・文化・健康・観光などまで幅広い分野をカバーしている。本書については安達正志、小林茂樹、舛本哲郎が中心となって執筆にあたった。

課長・部長のための予算作成と目標達成の基本

2017年7月25日　初版第1刷発行

著　者　フレアビジネス研究会
発行者　滝口直樹
発行所　株式会社マイナビ出版
〒101-0003 東京都千代田区一ツ橋 2-6-3 一ツ橋ビル 2F
TEL 0480-38-6872（注文専用ダイヤル）
TEL 03-3556-2731（販売部）
TEL 03-3556-2736（編集部）
Email：pc-books@mynavi.jp
URL：http://book.mynavi.jp

装丁　市川さつき（ISSHIKI）
本文デザイン　玉造能之、梶川元貴（ISSHIKI）
DTP　株式会社フレア
印刷・製本　図書印刷株式会社

ISBN978-4-8399-6247-0
Printed in Japan